妊娠三月名始胎，当此之时，血不流行，
形象始化，未有定仪，因感而变。
欲子美好，宜佩白玉；欲子贤能，宜看诗书，
是谓外象而内感者也。

胎教与婴幼儿智力开发

主　编　万力生　钟伟梅
编著者　王　卫　李　朋
李智泉　范红霞

金盾出版社

内容提要

孕期做没做胎教，胎教是否到位，与婴幼儿的智能紧密关联。本书以通俗的语言，深入浅出的详细介绍了什么是胎教，胎教包括哪些内容，怎样做好胎教，以及胎教中应注意的事项等。准备孕育宝宝和已怀孕的准妈妈准爸爸熟读本书，按专家制订的胎教方案操作，一定会生育一个健康、智慧超群的宝宝。

图书在版编目(CIP)数据

胎教与婴幼儿智力开发/万力生，钟伟梅主编. —北京：金盾出版社，2010.1

ISBN 978-7-5082-5988-8

Ⅰ. 胎…　Ⅱ. ①万…②钟…　Ⅲ. ①胎教—基本知识②婴幼儿—智力开发—基本知识　Ⅳ. G61

中国版本图书馆 CIP 数据核字(2009)第 172329 号

金盾出版社出版、总发行

北京太平路 5 号(地铁万寿路站往南)

邮政编码：100036　电话：68214039　83219215

传真：68276683　网址：www.jdcbs.cn

封面印刷：北京百花彩印有限公司

正文印刷：北京天宇星印刷厂

装订：北京天宇星印刷厂

各地新华书店经销

开本：705×1000 1/16　印张：15.25　字数：167 千字

2010 年 1 月第 1 版第 1 次印刷

印数：1～11 000 册　定价：30.00 元

上篇

胎教与智力关系

启智胎教理论

胎儿智能发育

父母与胎教

第一章 启智胎教理论

一、胎教的含义

胎教，一方面是胎，一方面是教，它是胎与教相结合的学问。胎是受教育的实体，教是指胎儿在母体内能受到各方面的感化并接受教育、教养之意。胎教是指准妈妈在各方面有意识地、主动地采取一些相应的措施，对胎儿进行良好影响的方法。

胎教有广义和狭义之分。广义的胎教，是指为了促进胎儿生理和心理健康发育成长，同时确保孕产妇能够顺利度过孕产期所采取的精神、饮食、环境、劳逸等各方面的保健措施。因为没有健康的妈妈，就不能生育出健壮的孩子。狭义的胎教，是指妊娠期间，在加强准妈妈的精神、品德修养和教育的同时，重点通过母体，利用一定的方法和手段，刺激胎儿的感觉器官，以激发胎儿大脑和神经系统的有益活动，从而促进身心健康发育。通常所说的胎教，一般是指狭义的胎教。然而，广义和狭义的胎教是统一的，不可偏废，通过准妈妈保健和对胎儿感官有益的刺激是胎教的两个方面，是不可分开的。故本书从这两方面加以论述。

近20年来，欧美一些国家纷纷成立了胎教研究机构和胎教中心，致力于对胎儿智力、体力的全面开发，取得了令人瞩目的成绩。据文献报道，美国一位医生创办了“胎儿大学”，设有语言、音乐、体育等科

目。在其学生中，有的新生儿2周就能发出“爸爸”的音节，有的孩子4岁就能掌握两种语言。日本一位学者的研究表明，在100余名接受正确胎教指导和训练的孕妇所生的孩子中，有71％的孩子智力超群。

当今，专家们一致认为，胎教就是对胎儿的感官教育，这种教育是通过母体对胎儿的综合影响来实施的。它是通过有意识地控制、调整母体内外环境，避免各种不良刺激对胚胎和胎儿的影响，使胎儿智力、行为的形成和发展有一个良好的基础。

二、有意胎教与无意胎教

有意胎教是指有心思、有目的和有计划地在怀孕期间，采用某些方法，创造某些条件，让孕妇和胎儿的身心得到调养。无意胎教是说没有特意采取某些方法，创造某些条件，但某些日常生活中的情况也能够使孕妇和胎儿的身心得到调养，在无意中产生了有意的效果。事实上还是无意胎教所占的比例大。

有些准妈妈虽然文化水平不高，甚至对胎教一无所知，也未曾有意地去创造某些条件，而是随心所欲，毫无胎教目的地去实现自己的某种愿望与嗜好，在这尽情随便的生活当中却能意外地收到胎教的效果，生下的孩子同经过精心施以胎教者所生的孩子，在体质、智力等方面基本或完全一样，或更优于有意进行胎教者所生的子女。在实际生活当中，由于准妈妈的精神、意向、习惯、嗜好等，在成年以后已基本定型，即便是有意也较难在孕期内强行加以改变。这就需要在孕前多读一些有关胎教的书刊，增加文化知识，提高个人修养与文明程度，力争使无意胎教转变为有意胎教。虽然有的孕妇收到了“无意插柳柳成荫”的效果，但毕竟带有盲目性，不能和有意

目 录

目　录

引言 yinyan

胎儿具有惊人的潜能，为开发胎儿这些潜能而施行的胎教愈来愈引起社会的关注。据美国著名的心理学家对千余名儿童的多年研究，得出的结论是：人的智力获得，50%在4岁以前，30%在4～8岁，另20%在8岁以后完成。4岁以前完成的50%就包括胎教在内。现代科学的发展已证明，胎儿不仅具有视觉、听觉、活动和记忆能力，而且能够感受母亲的情绪变化。在妊娠期间，采取适当的方法和手段，有规律地对胎儿的听觉和触觉实施良性刺激，通过神经系统传递到大脑，可促进胎儿大脑皮质得到良好的发育，不断开发潜在能力。胎教不是制造神童，胎教是挖掘潜能，是开发智力，古今中外大量事实也表明，胎教对促进人类智商的提高是至关重要的。

普天下父母都希望自己的宝宝智力超群，才能出众，以便在将来激烈的竞争中立于不败之地。那么，请您熟读《胎教与婴幼儿智力开发》，学习胎教知识，坚持每天进行胎教，做该做的，拒绝不该做的，相信在瓜熟蒂落之时，您一定可以得到一个智力超群的健康宝贝。

万力生博士于深圳

目 录 mulu

上篇　胎教与智力关系

下篇 启智胎教

目 录

胎教相提并论。

三、胎教的主要角色

众所周知，胎儿是由妈妈孕育的，母体既是胎儿赖以生存的物质基础，又是胎教的主体。一方面，母体为胎儿的生长发育提供了一切必要的条件，妈妈的身体素质和营养状况直接关系到胎儿的体质健康；另一方面，妈妈的文化修养、心理卫生又不可避免地在胎儿幼小的心灵上打下深深的烙印，对孩子的精神世界产生不可低估的影响。因此，孩子生命中第一任老师的重要角色责无旁贷地落在了妈妈的身上。

一般情况下，从发现自己的腹内已经萌发出一个小生命时起，多数未来的妈妈便意识到保护和培养这一幼小生命的责任感和使命感，她努力捕捉来自宫内的任何一点细小的信号，自然而然地开始了和小生命的“对话”，进行着亲切而又温暖的交流。当然，由于每一位妈妈的家庭环境、文化素养、道德修养、对胎教的认识与付出的时间和精力，以及投入的爱心等方面的差异，造成了胎教的不同结局。因此，每一位即将做妈妈的人都应充分认识自己所肩负的责任，增强体质，加强修养，很好地进入“主角”的角色，为孩子的超早期教育作出自己应有的贡献。

说到这里，也许有些准妈妈会因为自己的文化水平不高等因素而感到气馁，对胎教缺乏信心。其实，在胎教过程中最为关键的莫过于妈妈的爱心。只要您把培养孩子作为生活的中心，付出一切可能的精力和时间，倾注您全部的爱心，那么您未来的孩子就一定会令人满意。我想，这一点要求算不上苛刻，只要愿意，每一个妈妈都

是能够做到的。

四、胎教开始的时间

从广义上来说，胎教应该从择偶时就开始。选择对象时就应考虑对方的思想品质、性格气质、健康状况、相貌、教养、彼此的感情等多种因素，无论是男选女还是女选男，都应在潜意识里考虑到将来的下一代，因为父母在各个方面对孩子的影响是不言而喻的。

从狭义上来说，胎教即从新的生命诞生之日的前3个月就应开始了。

胎教是在优身受胎和优境养胎的基础上，通过妈妈对胎儿身心发育提供良好的影响来实施的。妊娠是从精卵结合，生命之吻成功的瞬间就宣告开始。但是，影响精子和卵子质量的父母的身心状态则早已开始。比如，精子从精细胞的分裂、形成到成熟约需90天的时间，那么要想使精子质量总体上都有所提高，孕育出好的后代，当然在孕前3个月就必须注意实施胎教的有关措施。这里强调胎教从孕前3个月就应开始，并不等于说已经怀孕或孕期已过半再做胎教就没有意义。实际上，胎教对孕期任何一个阶段的胎儿来说都是不会过时的。

不知从何时起，古人从胎儿形成那天就开始计算孩子的年龄，到出生时将近1岁，也即所说的“虚岁”。实际上虚岁不虚，在这段时间里，胎儿不但已经有了生命，它的听觉、视觉、记忆和思维的功能已经开始发育并先后开始运作。研究结果表明，胎儿发育到第4周时神经系统已经开始建立，第20周时开始对光线有反应，第26周时听觉反应开始发育，到了第28周时已经能够对音响刺激作出充分的反应。

可以说，胎儿期是人的一生中生长发育最为迅速、最为关键的发展时期。因此，年轻的夫妇应紧紧抓住这一重要而不可复得的时机，实施切实可行、科学有效的胎教手段，最大限度地开发胎儿的智力、体力的潜能，使其在接受多种信息的基础上，各种感知能力得以早日培养和发展，获得良好的先天遗传素质，从而将来出生后更容易成长为聪明、健壮的优秀人才。

五、“见物而变”的胎教理论

我国古代医学家很早就提出了妇女怀孕以后“见物而变”的胎教理论，后世并将其发扬光大。例如，隋·巢元方在《诸病源候论》一书中写道：“妊娠三月名始胎，当此之时，血不流行，形象始化，未有定仪，因感而变。”大体意思是，妇女怀孕3个月时，胚胎已渐次发育成胎儿，这时虽然已从形体上初步成形，但是还没有定型，即所谓“未有定仪”，其可塑性很大，当准妈妈见到带有什么特征的东西，她所怀胎儿的形象，包括胎儿的形体和精神，也就会随之产生变化，这就是“见物而变”的本意。故此，给那些想生一个长相漂亮、体力过人、才华出众孩子的孕妇提出了要求，在孕期内要多想好事，多做善事，多看美好的事物，以期感化腹内的胎儿。通过母亲美与善的良好“见物”刺激，而使胎儿向更加聪明、善良、健康、漂亮的方面“变化”。例如，武帝时帝妃子姜源氏妊娠期间性情清静，喜好稼穑，经常随夫郊祀，观察植物生长，所以她的儿子后稷能种五谷，成为我国农业的第二始祖，这里边即寓有“见物而变”的含义。古人“见物而变”胎教理论的提出，当然受当时文化背景的影响，有时代的局限性，但还是有一定的科学价值和实际指导意义的。

六、"外象内感"的胎教理论

"外象内感"是古人关于胎教的重要理论，这一理论是建立在"子在腹中，随母听闻"认识的基础上的。例如，隋·巢元方在《诸病源候论》中说："欲子美好，宜佩白玉；欲子贤能，宜看诗书，是谓外象而内感者也。"《颅囟经》一书中也曾指出："巢氏（即指《诸病源候论》之作者，隋代医家巢元方）论妊娠，至月始胎之时，欲谈正言，行正事……佩白玉，读诗书之类，其非胎教之理乎。"这种通过谈正言、行正事、佩白玉、读诗书等人为的方法与措施，加强准妈妈的品德修养，培养其高尚情操，保持良好的精神状态，以期"外象而内感"，可使孩子的智力发达，性格端庄。例如，周文王的母亲太任在怀文王时，由于"目不视邪色，耳不听淫声，口不出傲言"，而使文王"生而明圣，太任教一而识百"，被历代称赞为胎教的典范，其中即寓有"外象内感"的科学内涵。古人说的"外象而内感"的胎教措施，事实上是胎儿早期教育的手段，准妈妈在妊娠期间，能够接触美好的事物，诸如听悦耳的音乐、欣赏优美的景色、观看花卉和美术作品、读有益于身心健康的著作等，从而陶冶性情，开阔胸襟、心旷神怡，使一身气血和顺，则对胎儿未来智力与性格等发育产生良好的、积极的影响。

七、胎教需要宁静的心境

对一个怀有身孕的准妈妈来说，其精神状态和心理情绪不好，不仅对身体有害，而且影响胎儿的健康发育。因此，准妈妈在孕期注意保持心绪宁静，对胎教十分重要。

早在2000多年以前，我国医学中就记载了“喜、怒、忧、思、悲、恐、惊”七情在疾病发生中的作用。我国古代的“胎教之说”也特别强调准妈妈心境对胎儿的影响。因此人们主张，准妈妈应心境平和，善于修身养性，喜怒哀乐有节制。“和调则胎安，气逆则胎病，恼怒则气不顺，欲生好子者，必须先养其气”。于是，古人提出了“宁静即胎教”的主张。由此可见，注意心境宁静对优生优育大有益处。

现代医学证明，人在受到意外惊吓或忧郁沉闷时，其内分泌会发生变化，进而影响身体脏腑功能，甚至导致疾病缠身。例如，一个人突然遭到恐吓时，全身处于应激状态，内分泌迅速分泌一些激素，并作用于人体的各个系统，脸色会立即变白，手脚发软，心跳加速，血压骤升，语言结巴，两眼发直，这是因为心理应激反应而引起的全身性生理应变准备。当这种恐吓消除之后，突变的生理过程会逐渐平复，

身体也会慢慢恢复到原来的状态。若是一个人经常受到这种强烈的刺激，如夫妻不和、吵嘴怄气、事业不顺等，很容易使生理反应过程变成病理过程，出现高血压、消化道溃疡等身心疾病；若准妈妈心绪不好，更容易殃及胎儿。

临床经验证实，妊娠10～15周，若准妈妈情绪不安，且难以解脱，就可能导致胎儿发生唇裂或腭裂；若准妈妈处于郁郁寡欢、闷闷不乐的心态中，有可能导致婴儿早产，或婴儿营养不足，发育不良；若准妈妈受到惊吓而产生恐惧心理，也容易造成婴儿畸形或痴呆；若准妈妈经常处于痛苦中，有可能造成婴儿先天疾病或反应迟钝。因此，在整个妊娠期间，准妈妈不仅要控制自己的情绪，而且要善于调节自己的心绪，即便是遇到烦恼和挫折，也要千方百计摆脱，随时保持精神愉快轻松，形成一个胎教的最佳环境。

营造宁静的外部条件很多，诸如父母的关心、丈夫的体贴、亲人的安慰、同事朋友的关照等，其中丈夫对孕妇的温存体贴尤为重要，对孕妇胎教的效果也最为有利。为此，对丈夫来说应过好以下四关。

1. 生育思想关

丈夫应该持有“生男生女，听其自然”的坦荡胸怀，从思想观念上尽可能消除妻子的心理负担，不要让妻子为胎儿的性别担惊受怕。生男生女不是人的主观意愿所能决定的，任何责怪妻子或采取医疗手段保男弃女的做法，都可能增加妻子的心理压力，造成对胎教的不良影响。

2. 生活调理关

众所周知，每个女人在妊娠期间都程度不同地有一些生理和心理反应，有的厌食，有的挑食；尤其是怀孕头 3 个月大都反应较明显，常出现恶心、呕吐现象，甚至有个别孕妇承受不了这种妊娠反应，产生一些可怕的念头，这对胎教是十分不利的。作为丈夫应会调理，想方设法去妥善安排好妻子的饮食起居，保证怀孕妻子吃好休息好，尽可能为妻子创造舒适的生活环境，使她随时保持良好的心境，从而使胎儿健康孕育。

3. 丈夫的义务关

生儿育女是夫妻双方的责任，作为孕妇，更多关心的是胎儿的孕育成长，而当丈夫的应较多关注孕妇的安危，如随时注意孕妇的体重、血压，以及胎动数，定期陪妻子散步，协助妻子做产前保健操，或与妻子一块欣赏音乐、歌舞等，使妻子感受到丈夫的温暖，增加对“十月怀胎”的信心和勇气。

4. 情感关

男女的感情不仅体现在婚前，而且也应体现在婚后，尤其体现在妻子怀孕期间。大家知道，在孕期，多数孕妇的面部、容颜、体形都会发生变化，而女人们最担心的也就是这些变化，她们害怕因自己的变化而受到丈夫的冷落或失去性的吸引力。而生活中确有一些做丈夫的因妻子怀孕而生厌，觉得妻子的容貌丑了，形体不好看了，甚至认为妻子在性生活上也冷落了他，于是对妻子冷言相待，或经常不回家，无形之中给处于孕期的妻子造成心理压力。作为丈夫，在情感上

要给予妻子更多的爱，让妻子从丈夫的爱心中产生温馨宁静的心情。在这样环境中建立起来的夫妻互爱之情，最为笃厚，最为真挚，最为长久。若是做丈夫的过不了情感关，不但使妻子因情绪不好影响胎教，而且妻子还会对丈夫产生嫉恨，这种阴影长期隐藏在心里，就有可能影响夫妻感情，甚至危及婚姻。人们常说："危难之中见真情。"这话一点儿也不假。

总之，营造胎教的最佳情绪是准妈妈身心健康的需要，也是胎儿健康的需要，是不能掉以轻心的。

第二章 胎儿智能发育

一、胎儿的听觉

一个人如丧失听觉，生活在一个寂静的世界，会是多么的难受和可怕。听觉给人带来与外部世界的沟通，使人觉得自己在世界上的存在和意义。胎儿的听觉早在发育过程中经不断完善便很快发挥了作用。早在受孕后第 4 周，他的听觉器官就已经开始发育，第 8 周时耳郭已经形成，这时胎儿的听觉神经中枢的发育尚不完善，所以还不能听到来自外界的声音。到了第 25 周，也就是第 5 个月的后期，胎儿的传音系统基本发育完成。到第 28 周时，即第 7 个月的中旬，胎儿的传音系统已充分完成并可以发生听觉反应，至此，胎儿就已经具备了能够听到声音的所有条件。

然而，胎儿深居宫中，隔了不少组织器官，胎儿究竟能不能听到外面世界的声音呢？回答是肯定的。在胎儿的几种感觉器官中，最为发达的就是听觉系统了。在妊娠的前半期，由于其听觉器官尚未发育完善，胎儿宛如生活在一个几乎没有任何声音干扰的安静世界中，“两耳不闻宫外事”，过着平静安闲舒适的生活。终于有一天，原本恬静安宁的小天地经常被一些奇妙的声响所干扰。最初只是模模糊糊的感觉，某天清晨，胎儿在甜美的酣睡中渐渐地被种种新奇的声响所唤醒，惊奇又欣喜地发现能听清声音了，从此外来的声音开始闯

入了胎儿的耳膜。其间，除低音能被过滤外，妈妈子宫的血流声、心脏的搏动声、淋浴的水流声、爸爸的说话声，以及来自外界的收音机、电视机的声音，统统都被胎儿的耳朵所接收。要知道，小小的胎儿此时已不再是无动于衷的等闲之辈，他已经能对传入耳中的强音产生身体紧张的对应反应，引起胎动和心率的变化，并能对声音的强弱、音调的高低产生不同的反应。

胎儿的听觉器官开始发育的时候，他的头部还像个海马似的，有几对鳃弓，那第Ⅰ、Ⅱ对鳃弓渐渐就变成了耳郭的雏形，随后耳垂才慢慢形成。耳郭开始紧贴着头颅壁，随着弹性软骨的形成，耳郭渐渐地由扁平发育为边缘弯曲的部分；到4个月时，胎儿的耳郭开始内卷，出现弹性，外耳的耳郭就算长好了。但是，这时的耳朵对声音没有任何反应，因为其听觉神经尚未发育完善，内耳的一些重要结构还在形成过程中，如耳蜗、鼓室、蜗小管、平衡器等都还没有完全形成。我们所知道的“耳膜”，即医学称为“圆窗膜”的那层组织还没有长好。特

别是对声音传导起关键作用的三个听小骨（砧骨、锤骨、镫骨）还只是软骨，没有完全骨化。所以，胎儿一直是自由自在地生活在“无声”的世界里。以后，内耳的各种构造都发育成熟了，“圆窗膜”已长好，听小骨——人体内最小的三块骨头也完成了软骨骨化的过程，便将各种声音传入了耳膜，开始清晰地感觉到各种声响。最初那丰富混合的音响既让胎儿感到激动，又有难以分辨的迷惘，之后便逐渐熟悉了各种声响，能分辨出子宫内的声音和外界的声音。

子宫内声音每天变化不大，所以很容易熟悉它。那厚重如管乐的声响是子宫的血流声，轻快如弦乐的曲调是胎儿脐带的血流声；时而如雷声隆隆滚过的，是妈妈肠蠕动的声音；最令胎儿动心和关注的是那“咚嗒咚嗒”如深沉鼓声的妈妈心跳声，它节奏平缓，富有规律，曲调柔和又明朗有力，给胎儿以亲切而温暖的安全感，这也是他最熟悉和喜欢的声音。

从有听觉开始，胎儿每时每刻都有妈妈的心跳声伴随着，心理上对它产生了很强的依赖性，以致在他出世之后，每当遇到惊恐、不安、寒冷、疲劳等恶性刺激时，如果妈妈把婴儿抱近她的胸口，让这熟悉的心跳声传入孩子的耳膜，就可以立即让他感到温暖的安全感，从而平静下来。可以说，妈妈的心跳声是伴随胎儿长大的安乐曲和背景音乐。

胎儿能听到声音之后，父母就可因势利导地把胎教的内容安排得丰富而有趣了。首先，爸爸妈妈应为孩子起个乳名，让这亲昵的呼唤每天伴随胎儿。待孩子出生后，很短时间内就能对爸爸妈妈呼唤他的名字做出明确的反应，且比起那些出生后才起名字的小朋友显得聪明很多。

此外，给胎儿以特别深刻感受的是美妙的音乐。每天清晨和傍

晚，都应该让胎宝宝听到爸爸妈妈为他特别播放的音乐。那舒缓柔美的旋律，使胎儿身心舒展，不由自主地随着那音乐的节奏缓缓地转动身体，轻轻地舞动手臂。音乐使他的大脑细胞活跃，心情轻松愉快，躯体四肢活动敏捷。音乐应成为他每天生活中不可缺少的精神食粮。胎儿特别喜欢听大提琴的演奏，据说大提琴的音域宽广，与胎儿容易产生和谐的共鸣。还有柔美的小夜曲、摇篮曲、圆舞曲、中外古典乐曲，都会使他心境平和，精神愉快。妈妈应为胎儿准备以C调为主的乐曲，基调轻松、活泼、明快，能很快地激发出宝宝的情绪反应。在他活动比较频繁时，妈妈应选择一些舒缓、柔和的摇篮曲；在他活动比较少时，妈妈则应选播一些轻松活泼、节奏明快的圆舞曲。这些音乐对调整胎儿的心绪，促进他的活动和生长都有着明显的作用。

除了给胎儿特别播放音乐之外，妈妈每天也要为自己挑选一些以E调和C调为主的音乐播放。妈妈可戴耳机听，也可一边吃饭一边听，也可坐在摇椅上一边与孩子说话，一边让悦耳美妙的音乐萦绕在温馨的空间。妈妈听音乐时常常不满足于仅仅被动地欣赏，而是主动地一边哼唱，一边尽情地发挥想象。随着音乐的变化，脑海中不断跳动着一个又一个美丽的画面，有蔚蓝色的天空、朵朵变化的白云、云雀的欢唱、小鹿的奔跑、潺潺流动的溪水、宁静的泛着涟漪的湖水、海潮的涌动……妈妈丰富的想象往往可以使胎儿也感受到那诗情画意的“音乐形象”，情绪上产生相应的反应，身心情操得以陶冶。

当胎儿经常生活在音乐的艺术氛围中时，音乐可陶冶他的性情，激发他的想象，增进健康，平衡心态；如果没有音乐相伴，胎儿在子宫内的世界将是多么苍白、单调而沉闷。

有人曾做过这样的试验：在音乐会上，当准妈妈沉溺于优美平缓

的轻音乐中时，腹内的胎儿也在有规律地做动作；而当演奏完毕，观众暴发出热烈的掌声时，胎儿却受惊般地加速运动，心率也急剧加快。这就说明，此时的胎儿已经具备了分辨音响和信息的能力。为此，胎教学说主张应不失时机地抓住胎儿听觉发育过程中对音乐的反应能力，适时引导胎儿听一些轻柔的乐曲，以及富有情感的诗歌朗诵，和孩子进行亲切的对话，对其进行有益的刺激。无疑，这种方法是可行的，绝不是“对牛弹琴”，也不是无的放矢，这种胎教的形式肯定能够奏效。准妈妈和准爸爸们应及时抓住怀孕26周以后的有利时机，每天有计划地对胎儿进行听觉训练，以培养孩子灵敏的听力和对外界事物的反应能力。

二、胎儿的视觉

人们以为，胎儿生活在子宫内，即使到后期眼睛已发育成功，但两眼也是一抹黑，什么也看不见。因为胎儿生活在羊水的海洋里，外面的世界层层设防，除了羊水、羊膜外，还有绒毛膜，最后又加上子宫。如此“深宅大院”，自然是一般光线很难透过。因此，子宫世界充满了黑暗。胎儿在这黑暗的条件下没有看东西的需要，也不可能看见什么东西。

然而，事实并非如此，胎儿的眼睛并不是完全看不见东西。在妊娠第2个月时，胎儿的眼睛就已开始发育，到了第4个月时，对光线已经非常敏感。为了证实这一点，有人曾用手电筒的光线有节奏地照射孕妇的腹部，发现胎儿会睁开双眼，把脸转向光亮的地方，胎儿的心率也随之发生有规律的变化。而且，胎儿出生后不到10分钟就能发挥视觉的作用，不但能看见妈妈的脸，并且还具有认识模型和判断

图形的能力。有人用强光照射30名妊娠34～41周孕妇的胎儿，结果显示，胎儿的脐动脉、脑动脉血流量增加。应用组织学技术，对胎兔在不同强度的光照条件下视觉器官所发生改变的实验结果进行分析，证实在一定的光照强度及限定时间内，胎兔视觉神经等组织发育状况良好，为进一步开展光照胎教的理论和方法研究提供了科学依据。有人发现，新生儿的视力只关注30～40厘米以内的东西，这恰好与他在子宫内位置的长度相等，说明新生儿还保留着宫内生活的习惯。同时，这个距离正好相当于婴儿吃奶时眼睛看到妈妈面庞的距离。因此，刚出生的婴儿，其稚嫩的视力基础在胎儿时期已经打好，当然，婴儿的视神经系统还不够发达，大概要到7岁左右才能发育完全。所以，胎儿的视觉功能还很不完善，但并不等于没有。为此，应按照胎教的要求，需要在黑暗的环境中用有较强光亮手电照射孕妇的腹部，并有规律地缓慢移动，以锻炼胎儿睁眼辨别光线来源的能力；也可配合与胎儿的说话同时进行。这种用明亮光线刺激孩子视力的方法应该是胎教不可缺少的手段，是不能忽略的。

三、胎儿的感觉

医学研究证实胎儿具有五种感觉，即听觉、视觉、味觉、嗅觉和触觉。正是由于胎儿具有这五种感觉，才使得胎教可行。

● 视觉：胎儿的视觉在孕期第13周形成，但胎儿并没有睁眼看看，直到第8个月时，才尝试睁开眼睛。胎儿对光却很敏感。在4个月时，胎儿对光就有反应。

● 触觉：胎儿的触觉发育较早。隔着母体触摸胎儿的身体，胎儿就会做出相应的反应。胎教中通过抚摸训练，可使胎儿的灵活性得

以锻炼。

● 听觉:胎儿的 10 个月中,每天都是伴随着母体心脏的跳动声,血液的流动声,肠道的蠕动声等这些声音度过的。胎儿更感兴趣的还是来自母体之外的声音,如美妙音乐声,风吹雨打声,汽车的喇叭声,小动物的叫声等。

● 味觉和嗅觉:胎儿的味觉在孕期 26 周形成,从第 34 周开始喜欢喝带甜味的羊水。胎儿在孕妇体内用不上嗅觉,但出生前嗅觉已发育成熟,一出生,马上就能用上。

四、胎儿的记忆力

胎儿的记忆能力并不是一开始就被人们所承认的,许多人还觉得不可思议。记忆是思维活动的一种形式,有人认为,从妊娠第 4 个月开始,胎儿的大脑中已经偶尔会出现记忆痕迹;也有人认为,8 个月以前的胎儿有可能具备记忆功能,同时又认为记忆能力从胎儿期就已经开始萌芽。目前医学界多数人都认为,胎儿具有记忆能力,而且这种能力还将随着胎龄的增加而逐渐增强。

有一个有趣的例子:钢琴家鲁宾斯堤、小提琴家梅纽因及乐团指挥罗特等人对一些从未接触过的曲子“似曾相识”,即使不看乐谱,乐曲的旋律也不由自主地在脑海中源源不断涌现。究其原因,原来是他们的妈妈在怀孕时曾经反复弹奏过这些乐曲。加拿大哈密顿乐团的指挥鲍里斯在一次演奏时,一支未听过的曲子突然在脑海里出现,而且十分亲切,这使他迷惑不解。后经了解,原来他的妈妈曾是一位职业大提琴演奏家,在怀鲍里斯时曾多次练习、演奏过这支曲子。一位名叫海伦的妇女每当给她腹中 7 个月的胎儿唱一支摇篮曲,孩子立

即就安静下来。这些例子都无可辩驳地说明了这样一个问题:胎儿具有一定的记忆能力。

西班牙萨拉戈萨省成立了一所专门研究产前教育的研究所,研究的中心课题是:腹中胎儿的大脑功能会被强化吗?研究结果表明,胎儿对外界有意识的激励行为的感知体验,将会长期保留在记忆中,并对其未来的个性及体能和智能产生相应的影响。

日本的井深大先生做了一个有趣的实验:他请播音员录制了小林一茶的俳句(相当于中国的诗歌),并将录音带交给准妈妈,请她每天听录音2次,每次3分钟。这种俳句有一种日常讲话和音乐所没有的独特韵律。婴儿出生后2～6天,对在妈妈体内听过此俳句的婴儿和未听过此俳句的婴儿进行测验,即让他们听上述俳句、其他俳句和普通讲话三种录音带,看两组婴儿听后产生什么反应。结果发现了一种十分有趣的现象:在胎儿期从未听过俳句的婴儿,听了这三种录音带后都表现出相同的反应;在胎儿期反复听到上述俳句的婴儿,再听到此俳句时反应比较稳定,而听到其他俳句时则显示出强烈的反应。可见,婴儿能够把在母体内一直听过的俳句同其他相似而又不同的俳句准确地区别开来。

西德医生、催眠疗法的先驱人物保罗比库博士,最近治疗过一位男性患者,这位患者的情况清楚地证明了胎儿期潜在的记忆对人的一生将产生巨大的影响。这位患者遭受剧烈不安时,全身常出现暂时性发热感觉。为查明原因,比库博士对患者实行催眠疗法,使患者渐渐回忆到胎儿时期,回想起当时发生的重大事情。他在讲述胎儿7个月以前的情况时,语调平缓,神情自若。当开始讲其后的情况时,突然嘴角僵硬,浑身颤抖,身体高热,露出惊恐的神色。显而易见,这位患者回忆了导致他出现这一症状的胎儿期的体验。然而,其原因何在呢？数周后，博士走访了这位患者的妈妈。据患者的妈妈说，当她妊娠7个月后曾洗过热水浴，试图堕胎。可见胎儿对这7个月后的经历记忆之深，即使到成年以后也不能忘记，经催眠后，可诱导出胎儿时期的"痕迹"反应。

在出生前数月内，胎儿的行为渐趋复杂、成熟。这是因为，迅速增大的记忆储存促进了自我形成，并开始引导胎儿行为的发展。

在某一阶段，人的对立情绪皆起源于记忆，不管这一记忆是有意识还是无意识。例如，比库博士所治疗的男患者，在他的记忆中并未储存不安的发生源，但从其发生源中产生的恐怖却并未因此而销声匿迹。因为20年来，胎儿期的深刻记忆一直潜在地支配着这一患者的行为。每个人都有自己所忘却的记忆，而且这种记忆正在无意识地对人们的一生产生着巨大影响。

让我们再看一组科学家们的胎教试验：在某家医院的育婴室，让120名正常的新生儿夜以继日、毫无间断地听一种85分贝、每分钟72

次被复制的正常心跳声(除每隔 4 小时送往妈妈处喂食这一短暂间断外，所有时间都在育婴室里)，对照组的 120 名新生儿则放在另一间没有心跳声的育婴室里。4 天后，听心跳声的新生儿 70%增加了体重，而对照组的新生儿只有 33%增加了体重。对两个育婴室里新生儿哭叫的时间也进行了测算，听心跳声组新生儿哭叫时间占 38%，而对照组的新生儿哭叫时间占 60%。由于两组新生儿的饮食没有重大差别，看来似乎是由于听心跳声的新生儿哭闹时间的减少有助于他们增加体重。这个试验表面上是在测定新生儿对心跳声的反应，实际上是模拟胎儿在出生前所处的母体环境，并力求探索胎儿对这个生前环境的感觉。毫无疑问，每一位妈妈都有心跳声，而且这种节奏均匀的声音一刻不停地伴随着胎儿直到出生。因而，我们有理由认为，胎儿熟悉这声音，并有一定的习惯感或印象。

那么，胎儿学习的远期效果又如何呢？科学家们又对 26 名1.5～4 岁、在收养院里等待被收养的孩子进行实验，把他们分成 4 组，一组睡在一间有每分钟 72 次正常心跳的二联搏动声的房中，一组睡在一间有每分钟 72 次由节拍器发出的单搏声的房中，一组睡在一间播放催眠曲的房中，一组睡在一间没有任何声音的房中。所有的孩子都轮流处在上述四种条件下，每种条件四个晚上，实验人员记录了每个孩子入睡所需的时间，结果是处在有心跳声环境的孩子们入睡所需的时间大约是其余条件下的一半。在其余三种没有心跳声的条件下，孩子们入睡所需的时间是差不多的，往往是 1 小时或更多一些。因此，心跳声具有其他声音所达不到的效果。科学家们的实验证明了新生儿及幼儿对心跳声的反应，从而推断了胎儿学习的可能性，并得出以下推论：胎儿不仅具有一定的听力，而且具有记忆力。

因此，可以利用胎儿的这种记忆力，把婴儿抱在妈妈左侧怀里，

让他听到妈妈心脏搏动的声音，这样孩子会有一种安全感，很快就能安然入睡。还有人做过这样的实验：在医院产科的婴儿室播放妈妈子宫血流及心脏搏动声音的录音，发现正在哭泣的新生儿很快就安静下来，情绪稳定，饮食、睡眠情况良好，而且体重增加迅速。这是因为胎儿在妈妈的子宫中早已熟悉妈妈的心音，一听到这种音响就感到安全亲切。

胎儿既然有记忆能力，那么准妈妈就应设法开发胎儿的记忆力，把良好的、积极的、有用的、真善美的信息及时传递给胎儿，使这些信息输入大脑，受用一生。

五、胎儿的理解力

日本幼儿开发协会理事长井深大先生与一位开业30年的妇科医生夏山英一先生一起观察了两组显示胎儿行动的B型超声波图像。

一组是有一个人每个月都到医生这里来，利用超声波与胎儿见面，并以此作为乐趣。她怀孕17周时，发生了异常情况，护士说是羊水破了，其实羊水还很充分，根本用不着担心。由于护士说破了，这位妈妈惊慌失措地哭了起来，并说："不，不，连胎儿的脸都见过了，名字也起好了，可别让他流掉……医生，请您想想办法吧！"医生告诉她："这是假羊水，没关系！"并且花费了很长时间进行说服工作。其间一直利用仪器监视胎儿的动静。从影像来看，胎儿活动发生了戏剧性的变化：开始时，动作比较缓慢，接着是吃惊般的动作，后来动作越来越奇怪了，头部、胸部和腹部抽动着，出现了奇怪的动作，也曾出现了轻微的痉挛，最后全身抽搐起来。动作是突发性的，没有连贯

性，各部分还有微小的活动。

另一组是妈妈哭泣时胎儿的图像。这位妈妈是因为高兴而哭泣的。她是一位37岁的妇女，一直想要孩子，经过10年，好不容易怀了孕。当她利用超声波装置第一次看到胎儿活动的情景时，激动得哭了起来。这时，胎儿总是缓慢而不停地活动着，脉搏跳动也逐步加速，却没有出现痉挛或其他特殊的动作，一直是比较舒畅的大动作。

这两组实验提示我们，妈妈接受了惊恐的刺激，胎儿也会出现受惊反应，而妈妈高兴则胎儿定心。真是母惊儿担忧，母安儿舒畅啊！

据观察，妈妈哭泣后心跳加速，虽和横膈膜摇荡状态相同，但是胎儿活动状态却有着戏剧性的不同。

关于连接妈妈与胎儿的复杂的神经激素的“通路”问题，人们现已获得大量的有关知识。

妈妈与胎儿在生理上并非只有一个大脑和自主神经机构，而是分别有其独自的神经系统和血液循环功能。所以，这些神经递质的通路，是妈妈与胎儿交流情感的一种不可多得的手段，它具有极其重要的作用。

对于行为和思维的指令机构，那当然是人的大脑。但其下达指令的过程却是在大脑的表层——大脑皮质内进行的。而且值得注意的是，大脑中所感觉、所思考的事情，在与大脑皮质直接相连的下丘脑本身的作用下，在下丘脑内转化为情感，继而转化为躯体的感觉。

目前，关于胎儿的神经系统在何种情况下最容易接受妈妈应激反应时分泌出的剩余神经递质问题尚不清楚，而且由这些神经递质引起的变化也未查明。但是，从最近的研究结果中获知，胎儿的下丘脑，以及受此控制的内分泌系统和自主神经系统最易受到影响。

以上实例虽然还不多，像这样胎儿理解妈妈感情的事例还很难

说清其中的缘由，但已经引起人们的关注和兴趣。

六、胎儿能喝水

许多人以为胎儿所需要的氧气及营养物质是由妈妈通过胎盘和脐带供应的，自己既不用费劲儿吃东西，也不必劳神呼吸，当然也用不着喝水。其实，这种说法并不符合事实，胎儿每天除了“舞拳踢腿”锻炼肌肉骨骼、练习呼吸动作外，同时也在积极地锻炼喝水的能力。可以这样说，人类喝水的本领从胎儿期间就已经开始锻炼并形成了。

据医学科学研究人员介绍，胎龄满3个月时，胎儿就能够饮水。当然，他所喝的水是就地取材，饮用羊水。他所饮入的羊水蛋白质通过肾脏分解，排泄到羊水中；而饮入的羊水中混杂的脱落上皮组织等物质，则形成胎粪。有人会惊讶地问：羊水不是很脏吗？孩子喝了会不会生病？其实，人们根本用不着担心羊水的污染，羊水大约每隔3小时就要更换1次，既无细菌也没有灰尘。

至于胎儿每天喝水的量，目前还不能做出精确的估计，有人说1天可能达500毫升。

那么，胎儿为什么要喝水呢？追根溯源，恐怕是一种生存本能：为了训练自己的生活本领，对口腔吸吮能力进行锻炼，为出生后使用口唇吃奶做好准备。同时喝水以后，一方面水分可经胃肠道吸收，锻炼胃肠道的消化吸收能力；另一方面，通过胃肠道的吸收，水分可进入血液循环，废物变成小便和胎粪，推动肠道的蠕动。

所以，新生儿生下不久就能吸吮母乳，并在胃肠道内顺利吸收，这种功能早在胎儿期间就已“久经锻炼”了。

七、胎儿会做梦

科学真是十分神奇。以前人们想也想不到的事情，现在经过科学实验，最终得到证实。例如，胎儿会不会和成人一样做梦这个问题，科学家做了一番探索。1968年，比利时一位女医生给100名孕妇进行了试验，在她们的头部通上12个电极，连在一个电子设备上。这种设备能检查出大脑的8种主要活动，其中包括做梦。

下腹部接上电子设备，记录胎儿的运动情况。结果观察到，妈妈开始做梦的同时，已经有8个月的胎儿跟妈妈有相同之处，身体停止活动，眼球迅速转动，这说明胎儿也在做梦。胎儿做梦说明，他在睡眠过程中大脑并不是完全休息的，也有一部分在继续活动，这种大脑皮质兴奋和抑制的交替活动，促进了大脑的发育。

一些科学家认为，胎儿的做梦也再次说明，孕妇在怀孕过程中能把她所想、所闻、所梦见到的一些事情，变成思维信息，通过一定的途径不知不觉地传给胎儿，对胎儿进行影响和教育，这是有一定科学道理的。这种教育和影响对于胎儿的成长也是很有必要的。反过来也告诉我们，准妈妈的言行要自重自爱，多加检点，乐观开朗，不要有消极情绪，更不要去观看那些暴力、枪战、恐怖、色情、悲剧等文艺作品（特别是影视），以免在大脑皮质中留下那些恐怖、紧张、血腥的画面，给胎儿带来不利影响。

胎儿做梦的能力是大脑皮质逐步发育完善的必然结果，大脑的兴奋和抑制始终在交替活动中，只是我们还无法了解胎儿做梦的内容罢了。

八、胎儿会啼哭

成年人的哭是悲伤、委屈情绪的宣泄，新生儿的哭则较复杂，是多种刺激的反应，是向妈妈传递一种引人注意的信号。那么，胎儿会啼哭吗？上海某报曾报道说，某孕妇怀孕30周时，从自己耳朵里传出体内胎儿的微弱哭声，时长时短，持续了1～2分钟。医生为了验证此事，还收她入院，结果值班的医务人员从孕妇右耳听到了胎儿的哭声；上海医疗器械研究所生理仪器研究室的科研人员，还将孕妇宫内的胎儿哭声用仪器记录下来，并拍了照片，这则消息轰动一时。

第二军医大学1985年曾报道，某产妇双胎的第二个胎儿，在第一个胎儿娩出后不久即在宫内啼哭，哭声同正常婴儿哭声无异，持续2分钟。医生立即对产妇做阴道检查，结果发现胎膜已破，于是做臀牵引术娩出胎儿，婴儿已呈苍白窒息状态，急救后婴儿恢复正常。

1980年，山东莱阳某医院的一例胎儿啼哭报道颇有启发性。此例系第一胎过期妊娠，用缩宫素及人工剥膜引产，剥膜时胎膜似已破，剥膜后胎儿啼哭，其声宛如新生儿被蒙在被内哭泣，哭声休止时，站在产妇旁可清楚听到胎儿呼吸声息，手触宫体可感觉气管痰鸣振动。阴道检查时，宫口容一指，取出手指，有一股气体自阴道内逸出，宫内胎儿哭啼长达3小时左右才停止，但痰鸣如故。经4小时顺产一女婴，苍白窒息，经抢救无效死亡。显然，此例表现为“宫内啼哭”的胎儿有“胎儿宫内窘迫”（临产时胎儿因宫内缺氧引起的一组症候，有生命危险）存在。也许这位胎儿感觉到大祸临头，她用哭声向人们呼救，遗憾的是妈妈和周围的医生们都不能理解；也许当时胎心音没有改变，否则采取紧急剖宫产（剖腹产）结束分娩，或许能挽救胎儿

一命。

我们知道胎儿可以用很多方式与妈妈进行交流，但胎儿宫内啼哭却是一个现代医学无法解释的现象。因为胎儿生活在妈妈羊膜腔的羊水内，肺内充满液体，不能进行自主呼吸，胎儿呼吸是依靠胎盘进行气体交换的，不可能哭出声来。那么，孕妇为什么能听到哭声呢？有专家解释说，可能是这些孕妇曾患过中耳炎或耳鸣等耳疾，造成鼓膜松弛，听骨链松动，是鼓膜震动发出某种音响造成的错觉。胎儿宫内啼哭和耳朵认字一样不可信，但面对证人和录音，专家又有何高见呢？这种“荒谬”的事例确实并不鲜见。我国唐代有位妇科医生叫殷呇，在《经产效宝》一书中解释说：“腹中脐带上疙瘩，儿含口中，因孕妇登高举臂，脱出儿口，以此作声。”此时可让孕妇“屈腰就地，如拾物状”，使“脐带上疙瘩”复入儿口，其声即止。发展到清代，医家沈尧所述更为怪异：“腹内钟鸣，即是儿哭。今人治此，撒豆一把在地，令孕妇细细拾完，即愈。”

胎儿在宫内会啼哭吗？胎儿宫内啼哭到底预示着什么？对胎儿有害还是无害？大千世界充满问号，诱惑着我们对生命时刻保持着一颗探究、惊奇与感动的心，随着医学的进步，这个谜一定会被揭开的。

第三章　父母与胎教

一、准妈妈孕育胎儿期情感的重要性

新近的研究表明，胎儿在子宫里不仅有感觉，而且还能对母亲相当细微的情绪、情感差异作出敏感的反应。澳大利亚的洛特曼博士观察研究了 114 名妇女从妊娠至分娩的全过程，并将她们分为四类：①理想母亲。心理测验证实她们盼望得到孩子。这类母亲怀孕时感觉最佳，分娩最顺利，生下的孩子身心最健康。②矛盾母亲。这类母亲表面上似乎对怀孕很高兴，丈夫亲友也以为她们乐意做母亲，可是，子宫里的胎儿却能注意到母亲潜意识里的矛盾情绪和母亲内心深处对他们的排斥心理。这些胎儿出生后，大部分有行为问题和肠胃问题。③冷漠母亲。这些母亲不想得到孩子，但她们潜意识希望怀孕。这两种信息在某种程度上全被胎儿接受。这些孩子出生后，情绪、情感冷漠，昏昏欲睡。④不理想母亲。这类母亲不愿意得到孩子。她们在怀孕阶段生病最多，早产率最高，生下的婴儿出现体重过轻或情绪反常。

胎儿并不是传统儿科学描述的那种消极的、无思维的小东西。大量的研究表明，胎儿在妊娠 5 周起就能对刺激作出反应；8 周时能作出许多诸如蹬脚、摇头等动作来表示他的喜好或厌恶；从 6 个月起，胎儿就过着积极的情绪生活，不满意时也会发点小脾气。

由此可见，准妈妈在孕育胎儿期间的重要作用。

二、准妈妈要保持精神愉快

胎儿的发育靠母体供给营养来完成，同样，胎儿脑细胞的发育贯穿整个妊娠期，既依靠母体供给物质营养，又依赖于母体的神经调节与信息训练。母体的“七情”对胎儿的影响很大，作为即将当妈妈的妇女来说，应该有意识地调节自己的情绪，这不但有利于自身健康，而且更有利于胎儿的发育。经科学家的实验证明，在胎儿发育过程中，由于脑的分化、成熟时间较长，受外界刺激机会较多，母体经常处于紧张、受惊吓状态时，会影响胎儿大脑的发育，使其智力低下。专家们还发现，母亲情绪变化，对胎儿影响时间较长，母亲消极情绪解除后胎儿还保留着不良情绪的刺激，这会影响胎儿的正常发育。准妈妈的居室应保持宽敞明亮、整洁、舒适、空气清新、冷暖适宜，室内布置新颖别致，更重要的是家庭和睦，爱人体贴，父母关怀，邻居和工作单位的同事关系融洽，互相关心，互相帮助，工作之余听听音乐，欣赏一些美术作品，看看轻松愉快的小说，使准妈妈心情愉悦，情绪稳定，生活规律，腹内胎儿受了母亲情绪的影响，悠然自得舒展安静，这将对其的发育大有裨益。

三、孩子的习惯要从妈妈谈起

有位母亲自女儿呱呱坠地时起，就发现婴儿生活非常有规律，早6时30分醒来，晚10时左右睡觉，白天很少哭闹，饮食、睡眠都非常按时，上托儿所后，对新环境适应很快，说话、走路都比别的孩子早。

当别人向她打听其中的奥秘时，她就讲到孕期非常注重胎教，使自己生活有规律，并制订了一个具体方案：每天早晨起床后欣赏一段音乐，7 点钟到户外散步，做健身操，工作休息时打打羽毛球或乒乓球，中午休息 1 小时，晚饭后到外面散步 1 小时，然后看看电视(少看)，睡前进行胎教，大约 10 时睡觉。瑞士小儿科医生舒蒂尔曼博士调查发现，早起型准妈妈所生孩子，一生下来就有早起的习惯，而晚睡型准妈妈所生孩子也有晚睡的习惯。这说明新生儿的睡眠类型是怀胎数月后由母亲决定的，即胎儿在出生前就与母亲之间存在着“感通”。因此，要想培养自己的宝宝从小就形成良好的生活习惯和性格，就应从胎儿做起。在怀孕期间，母亲饮食、起居必须规律，保持身心健康，心情乐观，做好孩子的楷模。

四、准妈妈的睡姿与胎儿的生长发育

妊娠期，准妈妈睡觉的姿势对胎儿的生长发育有着重要的影响。

妊娠早期(1～3 个月)，胎儿在子宫内发育仍居在母体盆腔内，外力直接压迫或自身压迫都不会很重，因此准妈妈的睡眠姿势可随意，主要是采取舒适的体位，仰卧位、侧卧位均可，但趴着睡觉，或搂着东西睡觉等不良睡姿则应该改掉。

妊娠中期(4～7 个月)，此期应注意保护腹部，避免外力的直接作用。如果准妈妈羊水过多或双胎妊娠，就要采取侧卧位睡姿，这可以让准妈妈舒服些，其他的睡姿会产生压迫症状。如果准妈妈感觉下肢沉重，可采取仰卧位，用松软的枕头稍抬高下肢。

妊娠晚期(8～10 个月)，此期的卧位尤为重要。准妈妈的卧位对自身和胎儿的安危都有重要关系。宜采取左侧卧位，此种卧位可纠正增大子宫的右旋，能减轻子宫对腹主动脉和髂动脉的压迫，改善血液循环，增加对胎儿的供血量，有利于胎儿的生长发育，但不宜采取仰卧位。因为仰卧位时，巨大的子宫压迫下腔静脉，使回心血量及心输出量减少，而出现低血压，准妈妈会感觉头晕、心慌、恶心、憋气、面色苍白、四肢无力、出冷汗等。如果出现上述症状，应马上采取左侧卧位，血压可逐渐恢复正常，症状也随之消失。

五、准妈妈心理与胎教

中医学对胎教有这样的解说："宁静即胎教"、"怀孕妇女性宜宽厚，神全气和，不惟安胎，生子必温厚，古所谓胎教也。"(《正俗方》)。由此可见，准妈妈始终保持愉悦的心情，将有助于胎儿的生长发育。

通过胎儿镜和B超等观察手段，人们发现，5个月的时候，胎儿的听觉系统基本发育完善，到了6～7个月，胎儿能较细致地辨别母亲的情感了。母亲的心情愉快，胎儿在子宫内接受的就是动听的音乐；母亲发怒、生气，胎儿接受的就是"噪声"。

母亲的精神和情绪，通过神经-体液的变化，直接影响胎儿的血液供养、胎儿的呼吸、胎动等方面的变化。宁静祥和的情绪有助于准妈妈分泌健康激素和酶，起到调节血液量和兴奋神经细胞的作用，可以改善胎盘的供血状况，增强血液中有益成分，使胎儿向着理想的方向发育成长，而准妈妈情绪过度紧张、悲痛、忧虑，大脑皮质的高级神经活动和内分泌代谢功能就会发生改变，造成胎儿发育缺陷。

在怀孕早期(最初3个月)，准妈妈均感到将做母亲的喜悦、幸福和自豪，这种有益的心理反应对胎教有利，但一部分准妈妈由于内分泌的变化，会产生紧张心理，尤其是有早孕反应的妇女，由于恶心、呕

吐、眩晕、食欲减退等因素而产生种种烦恼，如担心妊娠失败，甚至厌恶妊娠、害怕胎儿畸形，担心胎儿流产及恐惧分娩的痛苦，这些紧张情绪都对胎教不利。到了怀孕中期(3～7 个月)，准妈妈对生理及心理变化产生了适应能力，情绪渐趋稳定，妊娠初期的种种不适症状等早孕反应减轻或消失了，食欲和睡眠也恢复正常，尤其是胎动的出现对准妈妈来说是一种极大的安慰。在怀孕末期(最后 3 个月)，由于胎儿生长发育加快，母体会感到十分疲劳，行动不便，她们会为分娩和胎儿的健康担忧，这些对胎教是不利的。

那么，准妈妈怎样才能保持良好的心境呢？丈夫要理解、关怀、体贴妻子，使她情绪始终保持积极、愉快、心情舒畅。不要为腹中的孩子是男是女自扰不息、忧虑重重，因为这是不以我们的意志为转移的。为了孕育一个聪明、健康、活泼的孩子，务必以对腹内胎儿的博大爱心，加强自身修养，学会自我心理调节，善于控制和缓解不健康情绪，不要去回忆以往那些不愉快的往事和想那些办不到的事，而多去想想好事、开心事。面对逆境和困难，而处之泰然，处变不惊。丈夫要多给妻子美的熏陶，为妻子创造一个安静、舒适、清洁的生活环境，听听轻快、柔和、平缓的音乐，到郊外或公园去欣赏大自然的美景，呼吸新鲜空气，多看一些优美、素雅的图画和活泼、浪漫、欢乐的影视。多给准妈妈一些良性的心理刺激，尽可能避免逆性刺激，这样对胎儿有利。

六、准妈妈的运动与胎教

一些妇女怀了孩子以后小心翼翼，怀孕早期不敢运动，怕流产；怀孕晚期身体不灵便，不想锻炼，甚至卧床静养，担心早产。有人也

许要问，准妈妈到底可不可以锻炼身体？妊娠晚期卧床静养是否必要？

适当的体育运动可增强心脏的功能，这对准妈妈是非常有利的。这时，如果准妈妈的心肺功能较强，就能保证供给胎儿足够的氧气，有利于胎儿的正常发育，减缓怀孕期间出现的腰腿痛、下肢水肿、心跳气短、呼吸困难等症状。妊娠期间妇女应适当参加一些体育活动，过多的卧床休息会使准妈妈的胃肠蠕动减少，从而引起食欲下降、消化不良、便秘等，对胎儿的发育不利，也不利于分娩。因此，怀孕期间准妈妈应注意坚持适量的体育活动，做到有劳有逸，避免一味休息，无所事事。

适量的体育锻炼能使全身肌肉的血液循环状况得到改善，肌肉组织的营养增加，使肌肉贮备较大的力量。经常参加体育活动，还能使骨骼的骨质更为坚实，可防止准妈妈出现牙齿松动、骨质软化等症。体育锻炼还能增强神经系统的功能，使各器官系统更能有效协调地工作，有助于母体各系统在妊娠期间发生一系列适应性变化。

妊娠的头2个月，胎儿尚处于胚胎阶段，准妈妈活动量不宜过大，不宜做跳跃、旋转和突然转动等剧烈的大运动量锻炼，以免引起流产；最后2个月也不宜剧烈运动，以免早产，尤其是那些有过流产史的妇女更应注意。这一时期，可以散散步，打打太极拳，做做广播操。妊娠4～7个月，准妈妈可根据个人条件、习惯和爱好，进行一些力所能及的活动，如打乒乓球，托排球、篮球，慢跑，散步等；活动时间不宜太长，以不感觉劳累为宜，即以停止锻炼后10分钟内恢复锻炼前的心率，身体无任何不适感为度；运动后若每分钟心跳超过130次时，应终止此项活动。

目前，有些妇女刚一怀孕就受到丈夫和亲人们的特殊关照，往往只强调休息和增加营养，却忽视了必要的活动和体育锻炼，尤其是妊娠后期便经常卧床静养，认为这样做会保持胎位正常，防止伤动胎气，这是极为有害的，它可导致滞产。

这几年，医院产房里经常遇到这样的情况：产妇健康，产前检查胎儿发育良好，胎位正常，产道通畅，按理说顺利分娩应该是很自然的事，可是到临产，产妇却宫缩无力，产程进展缓慢，造成滞产，常使胎儿宫内窘迫，最后不得不剖宫取胎。据调查证明，目前发生滞产的一个比较主要的原因就是产妇在孕期，特别是妊娠中后期经常卧床，缺乏必要的活动。准妈妈长期缺乏活动和锻炼，机体的肌肉，尤其与分娩有关的腰、腹及盆腔肌肉变得松弛无力，如果再加上妊娠期营养充足，使胎儿在腹内发育过大，就会造成分娩的困难。

分娩是一种自然的生理现象，它是在产力、产道、胎儿均正常的情况下共同完成的。产力包括子宫收缩力、腹肌收缩力和提肛肌的收缩力，这些肌肉的收缩力与日常活动和锻炼密切相关，平时经常参加体力劳动、体育锻炼及孕期进行必要的活动，都可有助于正常分

娩。为此,准妈妈在怀孕中后期必须在注意营养合理的基础上,增加活动量,这对缩短产程,防止滞产都是有益的。

如果平时不喜爱运动,那么妊娠后只要每天做10分钟的体操,并选择一个空气新鲜的地方步行30分钟至1个小时就足够了,不必勉强自己参加过多的运动,否则将影响胎盘血液供应,对胎儿不利。如果在孕前就已习惯某种运动,那么可以继续进行这些运动,但运动量必须降低到妊娠前水平的70%~80%。

现在有些专家主张准妈妈可以每天进行缓步跑,不但对准妈妈及胎儿无不良反应,反而会使婴儿出世时更健康。有缓步跑习惯的准妈妈所产下的婴儿,跟久坐不动的准妈妈的婴儿相比,虽然身长相同,体重稍轻(平均为3.18千克),但却比体重稍重的婴儿健康得多。

准妈妈缓跑的注意事项:应注意气温,在穿着薄衣服及气温较凉的时候进行;须注意脉搏,如果静下来10分钟后,脉搏还未恢复正常,就需终止缓跑;缓跑时不妨频频饮水,以免脱水引起早产。

以上这些运动,每周至少要做3次,每次20~30分钟。运动前应先进行5分钟的热身运动,运动后休息5分钟,运动期间脉搏应保持在每分钟140次以下,同时要多喝水。怀孕后4个月,应避免进行仰卧起坐运动。感觉不舒服时,应立即停止运动,并及时向医生请教。

运动量较小的体育活动,对正常妊娠是安全的,既能增强准妈妈体质,又能给胎儿以积极的暗示,出生后的孩子往往性格开朗,体格健壮。

七、准爸爸对胎教要有正确的认识

作为丈夫,未来孩子的父亲,在胎教中有着义不容辞的责任,特

别是情绪胎教。要让怀孕的妻子有良好的情绪，才能给胎儿有良好的胎教，但很多父亲找一些借口来尽量推辞这件事。有的父亲还认为，胎教的目的是培养神童。也有的这样认为，以前没有胎教，也能造就科学家、伟人，所以胎教并无必要。这是不对的，对于这样的父亲，我们应该端正他们的态度。

我们提倡胎教，并不是因为胎教可以把孩子培养成“神童”，而是胎教可以尽早地发掘个体的潜能，让每一个胎儿的先天遗传素质得到最好的发挥。如果把胎教和出生后的早教很好地结合起来，我们相信，人类的智力会更优秀，会有更多的孩子达到现在人们所谓的“神童”的程度。在科学家和伟人的成长过程中，都包含着许多当时没有被人们意识到的胎教和早教因素。如果人类能更早一些认识到胎教的重要性，现在我们的科学水平也许就会更先进。

父亲要重视胎教，应该注意做好以下几方面的工作，这对保持妻子良好的情绪很重要：

怀孕的妻子一个人要负担两个人的营养及生活，非常劳累。如果营养不足或食欲不佳，不仅使妻子体力不支，而且严重地影响胎儿的智力发育。因为，宝宝的智力形成的物质基础，有 2/3 是在胚胎期得到的。所以，丈夫要关心妻子孕期的营养问题，要让妻子吃好，休息好。

早晨要陪妻子一起到环境清新的公园、树林或田野中去散步，做做早操，嘱咐妻子白天晒晒太阳。妻子感到丈夫温馨的体贴，心情会舒畅惬意，情绪稳定，也有心情对胎儿多说说话。

妻子由于妊娠后体内激素分泌变化大，产生种种令人不适的妊娠反应，因而情绪不太稳定，因此特别需要向丈夫倾诉。这时，丈夫惟有用风趣的语言及幽默的笑话宽慰及开导妻子，才是稳定妻子情

绪的良方。丈夫对妻子的体贴与关心，爸爸对胎儿的抚摸与“交谈”，都是生动有效的情绪胎教。

八、准爸爸在胎教中应尽的责任

如果说未来的母亲是胎教的主角，那么，未来的爸爸就是胎教中母爱的第一助手。在整个胎教过程中，准爸爸与准妈妈心心相印，妇唱夫随，占据了举足轻重的位置。

俗语说，“养不教，父之过”。胎教是教育胎儿的系列行为，这不仅直接是母亲的责任，而且和爸爸的关系也很大。开始，他和母亲一道精心选定了受孕的最佳时机，并以其最佳状态参与了造就新生命的全部过程，奠定了胎教的先天生理基础；之后，他又在创造有益的胎教氛围和良好的胎教环境，以及在调节准妈妈的胎教情绪等方面发挥着重要的作用。

更为重要的是，未来的爸爸在与胎儿对话，给胎儿唱歌，训练胎儿运动等胎教手段的实施过程中，将发挥无可比拟的作用。这是因为，男性特有的低沉、宽厚、粗犷的嗓音更适合胎儿的听觉功能，也许对以后培养孩子的阳刚之气会有裨益。所以每当这种声音出现时，胎儿都会“凝神细听”，表示出积极的反应。胎儿对爸爸的这种积极反应，母亲是无法取代的。爸爸在与胎儿的对话过程中得到了感情的升华，充分体察到身为人父的责任，从而激起对孩子的爱。爸爸的这种父胎交流的做法，对做母亲的心理也是一种极大的安慰和鼓励，使她确信夫妻深厚的感情在对待胎教上取得了共识，而且对创造良好的胎教家庭气氛也具有积极的作用。因此，我们希望每一个未来的爸爸都应充分意识到自己的责任，及时准确地进入角色，用博大深

厚的父爱滋润、培育母腹中那个幼小的新生命。如果这样做了，那么将无愧于父亲的称号。

父亲是母亲接触最多而又最亲密的人，父亲的一举一动，乃至情感态度，不仅影响到妻子，更影响到妻子腹中的胎儿。作为未来的父亲，不要等孩子出生以后再教育，应该趁胎儿在母亲腹中孕育着的时候，就担负起帮助妻子实施胎教的重任，真正担当起"好爸爸"的重任，建立父子间的亲密感情。具体做法如下：

1. 做好后勤工作

妻子在孕期需要大量营养，营养不足，后代不但体质差，而且胚胎细胞数目，以及核糖核酸的含量也比正常的低，从而影响到胎儿出生后的智力。因此，做父亲的一定要千方百计地做好后勤工作，研究妻子怀孕后对营养的需求，跑市场，做采购，下厨房，全心全意为太太服务，以保证母子身体健康。

做丈夫的要自觉地多分担家务事，不要让妻子做重活，帮助妻子主持家务，减轻体力劳动，妥善安排好妻子的饮食，保证营养物质的摄入。

2. 保护好妻子

要好好保护妻子，妻子在怀孕时期处于"弱势"中，丈夫有责任和义务保护母子两代人的健康和安全。除分担家务，减轻负担外，要考虑到准妈妈腹部膨大，活动不便，若操劳过度，或剧烈运动，会使胎儿躁动不安，甚至流产。因此，要让她有充足的睡眠和休息。在乘汽车、逛商店时，要保护妻子，避免其腹部直接受到冲撞和挤压。

3. 善于调节妻子的情绪

丈夫要关心、体贴怀孕的妻子，挤出时间多陪陪妻子，从感情上满足妻子需要关爱、体贴的需求。

胎儿发育时需要适宜的环境，也需要各种刺激和锻炼。胎儿除生理需要外，还需要一些与精神活动有关的刺激和锻炼。例如，丈夫可与妻子开适度的玩笑，谈谈轶事趣闻，回忆美好的过去时光，幽默风趣的话会使妻子的感情更丰富；陪妻子观看喜剧、小品和相声，少看悲剧；陪同妻子作短途旅游，观赏自然风光，寄情于山水之间等。总之，让她的情绪出现短暂的、适度的变化，为未出世的孩子提供丰富的精神刺激和锻炼，以适应当今社会快节奏变化的需要。

做丈夫的要处处逗引妻子的欢心，让妻子保持良好的乐观开朗的情绪，因准妈妈的不良情绪能影响胎儿的身心发育。情绪过度不安，可能导致胎儿脑积水或腭裂、唇裂。在怀孕后受到惊吓或严重刺激，能引起胎盘早期剥离而致胎儿死亡；准妈妈经受长期情绪压力，胎动次数比正常多数倍，胎儿出生后不但体重轻，而且消化功能失调，喜欢哭闹，不爱睡觉，易受惊吓，此类孩子长大后，往往对环境适应性差。妻子心情不好时，丈夫应开导她，安慰她，鼓励劝导她，切忌火上加油，惹妻子气上加气。应经常陪妻子散散步，听听音乐，不但可使准妈妈心情愉快，而且也可使胎儿十分惬意。

4. 提供良好的生活环境

家居周围要有一个良好的生活环境。如自家环境不好，可暂时住到别处，因为强烈的噪声或振动会引起胎儿心跳加快和痉挛性胎动。若家居周围属于工业污染区，则污浊的空气中有害物质较多，应

毫不犹豫地迁居他处，哪怕临时租房也值得。

5. 顾全大局

丈夫得了传染病，哪怕症状不太重，也会通过传染途径影响妻子，进而危及胎儿。父母在疾病流行季节都要少去公共场所。丈夫一旦得了传染病，如甲肝、乙肝、肺结核等，要采取隔离措施，与妻子隔离一段时间。

吸烟对胎儿危害极大，在烟雾缭绕的环境中生活的准妈妈，不仅呼吸道可吸入大量的一氧化碳，而且香烟中的尼古丁还能通过皮肤、胃肠道进入母体，从而殃及胎儿。据国外调查资料表明，胎儿畸形率与父亲的吸烟量成正比。为了母亲和胎儿的健康，做丈夫的应该顾全大局，少吸烟或不吸烟。

6. 激发妻子的爱子之情

丈夫除了让妻子多看一些能激发母子情感的书籍或影视片外，还要多与妻子在一起谈谈胎儿的情况，隔着肚皮一起和胎儿对话；关心妻子的妊娠反应，询问胎动情况，有时也可帮助妻子一起抚摸腹部，数胎动，听胎心，提醒妻子注意胎儿的各种反应；与妻子一起描绘胎儿在“宫廷”中安详、活泼、自由自在的形象，一起猜想孩子的小脸蛋是多么漂亮逗人，体形是多么健壮完美。实际上，这些活动本身就是胎教的具体内容，它对增加母子生理、心理上的联系，增进母子感情都是非常重要的。尤其是丈夫要引导妻子去爱护腹中孕育着的胎儿，切不可因妊娠反应，妊娠负担，肚子大起来影响了外貌、体形或面部出现色素沉着损害了妻子的容颜等而心生怨恨之心，甚至怨恨腹中的胎儿。丈夫要摒弃重男轻女的旧观念，孩子不论男女都是自己

的心头肉，女孩的优点并不比男孩少；妻子也不可因孩子的性别而烦恼。许多实验都证明，父亲的态度和情绪对胎儿有很大的心理影响。父亲厌恶孩子会影响母亲的态度，使母亲对胎儿也产生厌恶情绪或堕胎的念头，这都不利于胎儿的身心健康。在胎儿期就深爱自己孩子的父母亲，将来孩子出生后，父子情、母子情亦深；相反，父母亲厌恶胎儿的话，孩子出生后，对父母亲感情也不会很深。

7. 节制性生活

妊娠是妻子的特殊时期，在妊娠初期和后期，夫妻同房易引起流产、早产或阴道感染；在产前一个月性生活频繁，可引起胎儿呼吸困难或黄疸等。妇女在妊娠期对性的要求多半不高，因而节制房事的主要责任在丈夫身上。如果深爱自己的妻子，就不能和平时那样频频提出性要求，而应节制；即使在比较安全的妊娠中期，也要注意变换性交体位，减少对妻子腹部的压迫和撞击。

8. 培养妻子的审美情趣

妻子通过对美的追求，对艺术的欣赏，可陶冶自己和胎儿的情趣。音乐是情绪转化的产物，音乐胎教不仅可促进胎儿的身心发育，还能培养儿童对音乐的兴趣。据国外听力学家的调查发现，胎儿喜欢听轻松活泼、舒缓抒情的乐曲，这些轻松愉快的乐曲，可以解除胎儿的烦躁情绪，使胎儿的心率趋于稳定；反之，听激昂火暴，震撼人心，动感十足的摇摆、迪斯科等劲曲，会使胎儿躁动不安。让胎儿听音乐的具体方法是：丈夫主动为妻子每日播放几次音乐，可以用组合音响或收录机放音乐，也可将耳机放在妻子的腹部，每次 15～30 分钟。除了听音乐外，丈夫还可陪妻子作画，看画，观看摄影、画展，养

花，养金鱼，观看艺术表演，以提高艺术修养。同时，丈夫要鼓励妻子加强"专业"学习，培养妻子多方面的兴趣。妻子怀孕以后，难免有惰性心理，而丈夫的责任则是要千方百计把惰性心理加以转化，特别是妊娠后期还可与胎儿一起学习，如看看儿童读物，读读外语等。

9. 跟胎儿搭话

常见妈妈摸着肚子和胎儿搭话，而爸爸跟胎儿搭话也是十分重要的。未来的父亲在与胎儿对话，给胎儿唱歌，训练胎儿运动等实施胎教手段的过程中，将发挥无可比拟的作用。这是因为男性特有的低沉、宽厚、粗犷的嗓音更适合胎儿的听觉功能，所以每当这种声音

出现时，胎儿都表示出积极的反应。关于这一点，我们不得不承认，母亲是无法取代的。父亲在对话过程中得到了感情的升华，充分体察到身为人父的责任，对做母亲的心理也是一种极大的安慰和鼓励，

而且对创造良好的胎教气氛也具有积极的作用。我们举一个例子，日本育婴文化研究所的谷口裕司，在妻子妊娠期间曾经试验过“父亲式的胎教”。每天晚上临睡前，他都把手放在妻子的腹部，跟胎儿搭话：“你今天又长了这么多，我是你爸哟！”丈夫抚摸孕妇的腹部，对情绪容易陷于不稳定状态的孕妇来说，是一件令人感到舒畅的事情，她会体会到这是丈夫对自己的爱，对孩子的爱。这种良好情绪的信息还会进一步传递给腹中的胎儿，让胎儿分享父亲的爱。我们说孕妇的身心状况完全取决于丈夫的力量，也许是不算言过其实的。

父亲完全可以同宝宝谈话。特别是妻子不舒服的时候，应给予更多的关怀，因为母亲的不舒服，常常使宝宝不安。在这时候，丈夫可以把手放在妻子的腹部，对胎儿说：“宝宝，振作起来！”“你坚强一些！”等。

有的年轻丈夫虽然也想同宝宝谈谈话，但又觉得难为情，不好意思。其实，在自家的小天地里，随便怎么做都可以，没有什么不好意思的。我们可以给宝宝起个名字，比如“小贝贝”。下班的时候可以说：“小贝贝，爸爸回来了。”宝宝活动激烈，你的妻子受不了时，就可以说：“我的贝贝，妈妈不好受，你老实一些吧。”其实，与宝宝谈话的内容是丰富的，只要有耐心，宝宝是乐于倾听的。

10. 做新一代的育婴父亲

传统观念认为，生儿育女似乎是女人的“专利”，男人应该到社会的大舞台上去闯，女人世袭的领地是家庭。但是，观念和现实都在变化，现在国外就有父亲请假育婴的新趋向。

在美国，至少有40%的大公司允许父亲请假育婴。不仅如此，最近一段时间以来，美国参、众两院分别举行听证会，讨论要求雇主对

所属人员给予初步为人父母的4个月无薪产假的法案，这项新法案的重点是强调应当同样给予父亲“产假”。一些育儿专家、女权运动者认为，男人应当负起更多的“哺育责任”。

在法国有“新一代父亲”之称的潮流出现。上至国家官员，下至市井小民，他们都在改变“不负责任的父亲”的形象。法国《快报》曾做过一次调查，大约有30%的年轻父亲承担了过去母亲的工作。他们很辛苦，但又很快活，半夜起床安抚啼哭的婴儿，为婴儿换尿布，并领悟到人生的乐趣。公共场所抱婴儿的男子汉可以说是司空见惯了。

不过，男子育婴的模范恐怕要数瑞典。瑞典是全世界公认的孕妇保护制度最完善的国家。在这个国家里，丈夫起到了十分重要的作用。瑞典政府规定，男人至少享有半年的育婴假，而且可以领取九成薪金。生儿育女成了初为人父者的必修课。每年大约10万男人参加为期7周的产前训练。瑞典首都斯德哥尔摩卡罗标斯卡医院的一位教授说：“通过这样的训练，可以使未来的父亲感到自己在生儿育女中也占有一席之地，从而和妻子共享创造生命的快乐。”

慈父育婴虽然为越来越多的人所赞赏，但付诸实践的毕竟是少数男子。美国国会党团会议妇女问题主任罗德说过这样一句话：“期望男人改变是一项艰巨的社会工程，大概要200年左右才能完成。”这句话虽然预言的时间过长，但是观念的更新总是要有一定的时间，时代的发展趋势是不可阻挡的。

在胎教过程中，准妈妈必须请未来的爸爸来帮忙，以提高他的责任心，增进父子两代人的感情。因此，准妈妈除了自我监护外，丈夫还应操心代劳做些具体的工作。

(1)量宫底：妻子排尿后，取仰卧位，两腿屈曲。丈夫可用卷尺测

量妻子耻骨联合上沿至子宫底的距离，一般每周增加1厘米。自妊娠20周开始，每周1次。到36周时，由于胎头入盆，宫底上升速度减慢，或略有下降。宫底升高的速度反映了胎儿生长和羊水等情况，如有过快或过慢的情况，应当去医院请医生检查，以便及时发现问题，及时纠正。

(2)听胎心音：妻子取仰卧位，两腿伸直，丈夫可直接用耳朵或木听筒贴在妻子腹壁上听胎心音，其声响是“滴答、滴答”的声音。一般每分钟为120～160次，过快、过慢或不规则，均属异常现象。

(3)数胎动：妻子取仰卧或左侧卧位，丈夫两手掌放在妻子的腹壁上，可感觉到胎儿有伸手、蹬腿样活动，即胎动。胎动一般在怀孕后4个月时开始，7～8个月较明显；一天有两个高峰，一个是在下午7～9时，一个是在午夜11时至凌晨1时，早晨最低。胎动是胎儿健康状况良好的一种表现。

(4)称体重：从妻子怀孕28周开始，可每周测量1次体重，一般每周可增加500克。孕妇体重过重或不增加，都是不正常的表现，应到医院请医生检查，帮助找出原因。

孩子是夫妻爱情的结晶，胎教自然要双方共同承担，我们希望每一位未来的父亲都应充分意识自己的责任，及时准确地进入角色，用博大深厚的父爱滋润、培育母腹中那个幼小的新生命。当丈夫为即将“升级”做爸爸而欣喜雀跃的时候，切莫忘了肩负起胎教的重任。如此，将无愧于“父亲”这一神圣的称号。

九、准爸爸参与胎教的方法

在妻子怀孕时，丈夫应与妻子一道对小宝宝进行胎教。最简单

的方法是坚持每天对子宫内的胎儿说话。声学研究表明，胎儿在子宫内最适宜听中、低频调的声音。而男性的说话声音正是以中、低频调为主。因此，爸爸坚持每天对子宫内的胎儿说话，让胎儿熟悉爸爸的声音，这种方法能够唤起胎儿最积极的反应，有益于胎儿出生后的智力及情绪稳定。尽情地说吧！因为人的大脑一生（包括胎儿时期）可以储存1 000万亿个信息单位。

研究发现，没有经过胎教的新生儿，对不熟悉的女性逗乐也会表现出微笑，而爸爸逗乐则反而会哭。这正是孩子从胎儿期到出生后的一段时间里，对男性的声音不熟悉所造成的。为了消除孩子对男性包括对爸爸的不信任感，妊娠5个月后爸爸应对胎儿说话，从平静的语调开始，随着对话内容的展开再逐渐提高声音。

爸爸在开始和结束对胎儿说话的时候，都应该常规地用抚慰及能够促使胎儿形成自我意识的语言对胎儿说话。

开场白可以是这样："宝贝(或者叫乳名)，我是你的爸爸，我叫某某，我会天天和你说话，我会告诉你外界一切美好的事情。"爸爸应将每天讲授的话题构思好，最好在当天的"胎教日记"中拟定一篇小小的讲话稿，稿子的内容可以是一首纯真的儿歌、一首内容浅显的古诗、一段优美动人的小故事，也可以谈自己的工作及对周围事物的认识，以刻画人间的真、善、美。用诗一般的语言，童话一般的意境，还可以是生活中的理想等，如此集思广益、博采众长的教学内容，定能智慧两代人。对话结束时，要对胎儿给予鼓励："宝贝学习很认真，你是一个聪明的孩子，但愿我对你讲授的一切都能对你将来的人生有用。好吧，今天就学习到这儿，再见！"

美国佛罗里达州的爱温夫妇进行胎教的实验证明：只要爸爸一开口说话，胎儿就以动一下表示反应，十分有趣。

下篇

启智胎教

八大胎教方法

逐月胎教方案

胎教的宜与忌

第四章　八大胎教方法

一、抚摸胎教

母亲与胎儿是相互依恋的，新生儿呱呱坠地后，立即表现出许多令人吃惊的本领，这都与母亲温柔的触碰和抚摸有关。这里我们劝准妈妈多与胎儿接触——抚膜胎儿。

（一）抚摸胎教的重要性

胎儿有感觉，有记忆，而且在孕8周时，胎儿还会开始活动。随着孕月的增加，胎儿的活动"技能"也不断增高，在B型超声波观察下，我们可以看见胎儿在子宫里的活动，他们吞咽羊水、吸吮手指、伸展四肢、转头、眨眼，甚至在羊水中玩弄脐带。对胎儿适时的抚摸是一种良性刺激，它可通过皮肤感应传入大脑，促进其大脑的发育，使孩子更聪明。同时，它也能让胎儿及早感受到父母的爱意，有利于孩子出生后与父母建立起亲密融洽的关系。亲子抚摸也能带给父母无穷的乐趣。通过抚摸，父母可感受到那个从没谋面的小家伙的活动，以及他（她）对自己亲情抚摸的回报——胎儿在习惯了父母的抚摸后，会主动迎接这种抚摸。

（二）抚摸胎教的方法

抚摸胎教应在怀孕24周后进行。一般每天可进行3次，每次约5分钟，起床后和睡觉前是进行抚摸胎教的好时机，应避免在饱食后进行。进行抚摸前，准妈妈先排空小便，平卧床上，膝关节向腹部弯曲，双足平放于床上，全身放松，此时准妈妈腹部柔软，利于抚摸。抚摸可由妈妈进行，也可由爸爸进行，也可轮流进行。先用手在腹部轻轻抚摸片刻，再用手指在胎儿的体部轻压一下，可交替进行。有的胎儿在刚开始进行抚摸或按压时就会作出反应，随着孕周的增加，胎儿的反应会越来越明显。当胎儿对刺激感到不舒服时会不耐烦地踢蹬，当习惯指压后，胎儿会主动迎上来。孕28周以后，轻轻的抚摸配合轻轻的指压可区别出胎儿圆而硬的头部、平坦的背部、圆而软的臀部，以及不规则且经常移动的四肢。当轻拍胎儿背部时，胎儿有时会翻身，手足转动，此时可以用手轻轻抚摸以安抚之。在用手抚摸胎儿的时候，别忘了同时还应轻轻地、充满柔情地对胎儿说话，让胎儿更强烈地感受到父母的爱意。父母也可以在抚摸胎儿的时候谈谈心，交流交流感情，憧憬一下宝宝出生后美好的生活，营造出温馨、亲密的气氛，这样有利于加深一家三口之间的感情。

（三）抚摸胎教的注意事项

抚摸胎教是促进胎儿智力发育、加深父母与胎儿之间情感联系的有效方法，但胎儿和准妈妈都是悉心呵护的对象，抚摸胎教也有需要注意的地方。首先，抚摸及按压时动作一定要轻柔，以免用力过度引起意外。其次，有的准妈妈在怀孕中、后期经常有一阵阵的腹壁变

硬，可能是不规则的子宫收缩，此时不能进行抚摸胎教，以免引起早产，但可以用音乐胎教和语言胎教。最后要注意的是，准妈妈如果有不良产史，如流产、早产、产前出血等，则不宜使用抚摸胎教。

二、运动胎教

运动胎教，是指导准妈妈进行适宜的体育锻炼，促进胎儿大脑及肌肉的健康发育，有利于母亲正常妊娠及顺利分娩。

运动是胎儿生长发育的必由之路。早在怀孕第7周，胎儿就开始了自发的“体育运动”。从眯眼、吞咽、咂手、握拳，直到抬手、蹬腿、转体、翻筋斗、游泳，真是应有尽有，无所不能。就这样，胎儿的全身骨骼、肌肉和各器官在运动中受到锻炼和发展，胎儿在运动中逐渐长大。所以，当怀孕到了第18周左右，母亲就可以明显地感觉到腹中的胎动。

胎儿的生命也在于运动。胎教理论主张适当适时地对胎儿进行运动刺激和训练，也就是说，要适时适当地进行一些“体育”胎教，促进胎儿的身心发育。

有人建议，在怀孕3～4个月后可以适当对胎儿进行宫内运动训练。做法是孕妇仰卧，全身放松，先用手在腹部来回抚摸，然后用手指轻按腹部的不同部位，并观察胎儿有何反应。开始时动作宜轻，时间宜短，等过了几周，胎儿逐渐适应之时，就会作出一些积极反应。这时可稍加一点运动量，每次时间以5分钟为宜。

怀孕6个月后，就可以轻轻拍打腹部，并用手轻轻推动胎儿，让胎儿进行宫内“散步”活动，如果胎儿顿足，可以用手轻轻安抚他。如能配合音乐和对话等方法，效果更佳。

对胎儿的运动训练，一般在怀孕3个月内及临近产期时均不宜进行，先兆流产或先兆早产的准妈妈也不宜进行。此外，手法要轻柔，循序渐进，不可操之过急，每次时间最多不宜超过10分钟。否则将适得其反。

研究表明，凡是在宫内受过"体育"运动训练的胎儿，出生后翻身、坐立、爬行、走路及跳跃等动作的发育都明显早于一般孩子。他们身体健壮，手脚灵敏，智、体全面发展。因此，"体育"胎教也是一种积极的有效的胎教。

（一）帮助胎儿做操

研究表明，胎儿活动的差异能预示他们出生后活动能力的强弱。在正常情况下，胎儿期活动力强的婴儿，出生后6个月观察得知，要比在胎内不怎么活动的婴儿动作发展更快些。

胎动是胎儿主动运动的表示，一般从怀孕第7周起就开始自己活动。小至吞咽、眯眼、咂拇指、握拳头，大至伸展四肢、转身、翻筋斗，胎儿都可以做到。大约在16周之后，母亲便可以感到胎动。

法国心理学家贝尔纳·蒂斯认为，父母都可以通过动作和声音，与腹中的胎儿沟通信息，这样做，可以使胎儿有一种安全感，使他感到舒服和愉快。孩子出生后也愿意同周围的人交流。

常常见到一些准妈妈把手放在腹部，等待胎儿活动。其实，准妈妈可以促使胎儿活动，在胎儿4个月后就可以这样做了。这时，胎盘已经形成，胎儿在羊水中活动，不会受到任何伤害的。

给胎儿做体操的具体方法如下：准妈妈躺在床上，全身尽量放松。在腹部松弛的情况下用双手捧住胎儿，轻轻抚摸，然后用一个手指轻轻一压再放松。这时胎儿便会作出一些反应，胎儿的情况不一

样，反应的速度也有快有慢。如果此时胎儿不高兴，就会用力挣脱，或者蹬腿反抗，这时应该马上停止。在刚开始的时候，胎儿只作出响应，过几周后，胎儿对母亲的手法熟悉了，一接触妈妈的手就会主动要求玩耍，胎儿 6～7 个月时，母亲就能感觉出他的形体，这时就可以轻轻地推着胎儿在腹中“散步”了。

8 个月时，母亲可以分辨出胎儿的头和背了。胎儿如果“发脾气”用力顿足，或者“撒娇”身体来回扭动时，母亲可以用爱抚的动作来安慰胎儿，而过一会儿胎儿也会以轻轻地蠕动来感谢母亲的关心的。

经常抚摸胎儿的准妈妈有时会收到意想不到的效果。有一产妇难产，胎儿心律失常，医生正准备抢救胎儿；这时，产妇突然想起她经常抚摸胎儿并同他做游戏的事。于是，这位产妇立即开始抚摸胎儿，很快一切都正常了，胎儿平安降生。

如果能够和着轻快的乐曲同胎儿交谈，与胎儿“玩耍”，效果会更好，可以帮助胎儿发育得更好。需要注意的是，给胎儿做操应该定时。比较理想的时间是在傍晚胎动频繁时，也可以在夜晚 10 时左右。但不

可太晚，以免胎儿兴奋起来手舞足蹈，使母亲久久不能入睡。每次的时间也不可过长，5～10分钟为宜。但有早期宫缩者不宜用这种办法。

（二）胎儿踢肚游戏

美国育儿专家凡德卡教授提出了一种“胎儿体操与踢肚游戏”胎教法，通过母亲与胎儿进行游戏，达到胎教的目的。在怀孕5～6个月母亲能感觉到胎儿形体的时候，即可对胎儿进行推晃式锻炼，即轻轻推动胎儿，使之在腹中“散步”、“荡秋千”、“踢腿”。当胎儿踢母亲肚子时，母亲可轻轻拍打被踢的部位，然后等待第二次踢肚，一般在1～2分钟后，胎儿会再踢，这时再轻拍几下，接着停下来。如果拍的地方改变了，胎儿会向改变的地方再踢，注意改拍的位置离原胎动的位置不要太远。每天进行1～2次，每次数分钟。

实践证明，在母腹中接受过触摸运动这种体操锻炼的胎儿出生后翻身、抓、握、爬、坐、学站、学走等各种动作的发展都比没有经过体操锻炼的早一些，身体健壮，手脚灵敏。这种胎儿出生后的肌肉力量较强，特别是纵向的肌肉力量较强，甚至一出生就能坐起。

需要说明的是，怀孕的最初3个月内、临近产期及早期宫缩时不宜进行触摸运动。训练的手法宜轻柔，循序渐进，不可急于求成，时间不要超过10分钟，否则只能是拔苗助长，适得其反。

（三）胎儿游戏训练

父母对胎儿做游戏胎教训练，不但增进了胎儿活动的积极性，而且有利于胎儿智力的发育。让我们通过胎儿超声波的荧屏显示来观察一下胎儿在母体内的活动情况：胎儿在某一天醒来伸了一个懒腰，

打了一个哈欠，又调皮地脚蹬了一下妈妈的肚子，这使他感到很满意。一个偶然的机会使胎儿的手碰到了漂浮在旁边的脐带，“这是什么东西？”很快脐带成了他的游戏对象，一有机会便抓过来玩弄几下，有时还抓住脐带将它送入嘴边，这个动作使他产生了一阵快意。从胎儿这些动作和大脑的发育情况分析，科学家们认为胎儿完全有能力在父母的训练下进行游戏活动。

据国外报道，天才儿迭戈在母亲腹内第3个月起，他的父母亲就开始对他进行游戏训练，通过敲他母亲的腹壁观察他的反应。经过一段时间的训练，小迭戈已经会调皮地与人玩游戏了。当有人敲他母亲一下，他也敲一下；敲他两下，他也敲两下。而且他的父母很自豪地说，他们的孩子一出世就马上认出他的父母。可见胎儿是很有潜能的，只要父母不失时机地通过各种渠道对胎儿施于早期胎教，使他获得良好而有益的刺激，本身的能力得到开发，将远远超过历史上任何一个天才。

目前，有些国家正在研究通过对胎儿施行一种特殊的训练，以达到产生体育方面的超级明星。这一愿望经过人们对胎儿潜能的不断认识和挖掘是一定会实现的。

（四）与胎儿一起旅行

怀孕至第6个月，准妈妈已大致能习惯怀孕中的生活，胎儿亦逐渐地在稳定中成长。准妈妈在行动上，不似初期必须有所顾忌。到了怀孕后期，由于濒临分娩时刻，大部分时间都待在家里，顶多动动身子外出一下，换换环境气氛，让胎儿生活得更舒适。胎儿一生下来，准妈妈便每天忙碌地照顾，很难得有闲暇。倒不如在这时（怀孕第6个月）做一下短程旅行，让生活充满闲情逸致，对胎儿而言，亦不

失为一个不错的胎教方法。

在旅行之前，先做好旅行计划，不要让准妈妈及胎儿太劳累，避免去人多、复杂的地方，事前先做好周全的计划，不但能让准妈妈及胎儿达到寓教于乐的目的，同时亦让先生不至于太麻烦、疲惫。尽量选择家中附近的地方，绿草如茵，空气新鲜，能达到舒散身心的目的，对准妈妈和胎儿而言，是一种很好的享受。旅行最能增进夫妻情感，所以夫妻俩一同出行最好。

利用飞机、船、汽车为交通工具的旅行，对准妈妈而言，最不同于平常的活动。身体活动感少了，反而必须长时间采用一种姿势，或走更远的路途。那么，旅行带给准妈妈的不是欢乐而是疲惫。在医学上，旅行对准妈妈而言，是一种非生理性的侵袭。何况旅行对每一个人的影响程度不同，很难回答什么样的旅行是安全的。

旅行对准妈妈是否会产生不良影响，视准妈妈状况而定。当准妈妈身体发生问题时，将带来不良的结果。所以，还是好好地跟医生商量、讨论。即使是可以旅行，为了绝对安全起见，也要做到面面俱到，不可疏忽。长时间坐在车上摇晃对准妈妈影响极大，应避免进行长距离的旅行，最好选择妊娠第5～7个月，而搭乘交通工具的时间应尽量缩短。千万不要上高速公路，一上即是四五个小时，那对准妈妈而言，是吃不消的。特别是团体观光旅行更应该避免，若能自我控制行程是最理想的旅游方法。

（五）运动胎教的好处

1. 促进代谢与增强心肺功能

运动有调节神经系统及增强心、肺功能的作用，可帮助消化，促

进代谢。有利于腰部及下肢的血液循环，可以缓解腰酸腿痛及下肢水肿症状。

2. 促进钙的吸收

在户外参加运动锻炼时，能够呼吸新鲜空气，经受阳光中的紫外线照射。从而把皮肤里的脱氢胆固醇转变为维生素D，以促进身体对钙、磷的吸收。这样，既有利于胎儿的骨骼、牙齿的发育，又可以预防准妈妈患骨软化病。

3. 利于分娩

参加运动锻炼，通过肌肉的收缩运动，能够增强腹肌的力量，防止因腹壁松弛造成的胎位异常及难产。由于平时的运动锻炼增强了腹肌、腰背肌、骨盆肌肉的力量和弹性，故能够缩短分娩时间、预防软产道损伤和产后出血。

三、音乐胎教

音乐是一种有节奏的空气压力波，对人类的心理活动与生理活动有着极大的影响。音乐的物质运动过程与人体的物质运动过程比较一致。音乐的节奏作用于准妈妈，也能影响胎儿的生理节奏，使胎儿从音乐当中受到教育。

《荀子·乐论》中指出："夫声乐之入人也深，其化人也速。"说明了音乐容易深入人心，感化人的速度也很快。准妈妈常听一些优美动听的音乐，对于陶冶情操，和谐生活，加强修养，增进健康，以及激发想象力等方面，都具有很好的作用。《胎教与美育》一书中举了这

样一个事例：有一妇女怀孕后抑郁寡欢而又无法排解，她的丈夫有一定文化修养，而且是个有心计的人，知道音乐有助于消除和缓解妻子因怀孕而引起的心情郁闷、精神忧虑、紧张烦躁等不良情绪，就买了几盘轻音乐磁带有意识地放给她听，这个办法真灵，妻子听后胃口变得好起来，人也变得精神了。她称赞丈夫顶个医生，能治心病，于是同丈夫更加情深意切，自己也就在丈夫的爱抚和音乐的伴随下愉快地渡过了早孕期。通过这个例子不难看出，音乐可影响准妈妈的生理与心理，从而起到积极的、有益于身心健康的作用。

在心理方面，音乐能使准妈妈心旷神怡，改善不良情绪，消除忧虑。准妈妈将其快乐心境通过多种途径传递给腹中的胎儿，让胎儿得到同样美满而又幸福的享受。在生理方面，经科学试验证明，体内有100多种生理活动具有音乐的旋律。悦耳怡人的音乐对准妈妈和胎儿听觉神经器官的刺激，可促使母体分泌出一些有益于健康的激素，对心血管、内分泌和消化系统都有一定的促进作用。由于音乐旋律产生的声波刺激，乙酰胆碱的分泌也有所增加，从而可提高生物体内酶的活性，调节血流量和振奋神经细胞，还能使胃的蠕动变得规律，唾液和胰岛素增多，促进新陈代谢，使母体的抗病能力增强。准妈妈在接受胎教音乐时还能较好地改善和加强大脑皮质及神经系统的功能，并且使得母体与胎儿的生理节奏产生共鸣，进而影响到胎儿全身各器官的功能。有试验证明，定期给一个7个月的胎儿播放胎教音乐，发现胎儿心率稳定，胎动变得舒缓而有规律，等孩子出生后再听这段音乐时，神情安详，四下张望，表现出极大的兴趣。经过一段时间的追踪调查发现，这个婴儿耳聪目明，性格良好，动作发育也明显早于同龄婴儿。表明了音乐胎教对后代确有提高智力、增强体质的功能，能达到寓教于乐的目的。

（一）音乐胎教的作用

音乐胎教是指通过音乐对母体内胎儿施教。此种胎教法已为许多国家运用，如澳大利亚堪培拉的产科医生曾让35名准妈妈每天按时来医院欣赏音乐，胎儿出生后，个个体格健壮。10年后有27名儿童获音乐奖，4名儿童成为舞蹈演员，其他人成绩均为良好，无一人有不良行为。音乐胎教在我国兴起不久，市场上出现过音乐胎教磁带，引起不少年轻夫妇的兴趣。对音乐胎教的作用和方法有待进一步探索，但可以肯定地说胎儿能够听到音乐。因为根据对胎儿的听觉产生期所做的确切研究表明，六七个月的胎儿能够听到母亲体外音乐的声音是毫无疑问的。因此，怀孕六七个月的准妈妈尽可买来音乐胎教磁带，或者选用些优秀的曲目对胎儿施教。至于给胎儿听音乐的好处，更不必怀疑。音乐生理学家们的实验早已证明：进行音乐胎教，对胎儿的身体和将来性格、智力、情感的发展，是有百利而无一害的。

音乐除了艺术上的价值之外，还有各种生理的、心理的效应。心理学家认为，音乐能渗入人们的心灵，激起人们无意识超境界的幻觉，并能唤起平时被抑制了的记忆。胎教音乐能使准妈妈心旷神怡，浮想联翩，从而改善不良情绪，产生良好的心境，并将这种信息传递给腹中的胎儿，使其深受感染。同时，优美动听的胎教音乐能够给躁动于腹中的胎儿留下深刻的印象，使他朦胧地意识到，世界是多么和谐，多么美好。

在生理作用方面，胎教音乐通过悦耳怡人的音响效果对准妈妈和胎儿听觉神经器官的刺激引起大脑细胞的兴奋，改变下丘脑递质的释放，促使母体分泌出一些有益于健康的激素，如酶、乙酰胆碱等，使身体保持极佳状态，促进腹中的胎儿健康成长。

怀孕4个月以后胎儿就有了听力,尤其是6个月后,胎儿的听力几乎和成人接近,就可以选择胎教音乐,置于腹部或放在距母亲1～1.5米的地方给母子同听。这样,音韵可以直接刺激胎儿的听觉器官,通过传入神经传入大脑,促进大脑发育。

(二) 音乐胎教的方法

音乐胎教通常以下面几种方法施行。

1. 哼歌谐振法

准妈妈每天可以哼唱几首歌曲,要轻轻哼唱,而不必放声大唱。最好选择抒情歌曲或轻歌,也可唱些"小宝宝,快睡觉"等类似摇篮曲的歌曲。唱时心情舒畅,富于感情,如同面对亲爱的宝宝,倾述一腔母爱。这时,母亲可想象胎儿正在静听你的歌声,从而达到爱子心音的谐振。

2. 欣赏音乐法

准妈妈每天定时欣赏一些名曲和轻音乐,如"春江花月夜"、"江南好"等传统轻音乐,斯特劳斯的"春之声"圆舞曲,维扎尔和莫扎特的那些轻松明快的室内乐曲等等。准妈妈在欣赏音乐时,要沉浸到乐曲的意境中去,如痴如醉,旁若无人,如同进入美妙无比的仙境,幻想翩翩,遐思悠悠,以获得心理上、精神上的最大享受和满足。

3. 音乐灌输法

可将耳机或微型录音机的扬声器置于准妈妈腹部,并且不断地移动,将优美动听的乐曲源源不断地灌输给母腹中的胎儿。每天反

复2～3次，每次20分钟左右，一次播放2～3支乐曲。注意音量不宜过大，扬声器在腹部移动时要轻柔缓慢，时间不宜过长，以免胎儿听得过分疲劳。

4. 母唱胎听法

准妈妈低声哼唱自己所喜爱的有益于自己及胎儿身心健康的歌曲与戏剧以感染胎儿。在哼唱时要凝思于腹内的胎儿，其目的是唱给胎儿听，使自己在抒发情感与内心寄托的同时，让胎儿受到美与乐的享受。这是不可忽视的一种良好的音乐胎教方式，适宜于每一个准妈妈采用。

5. 母教胎唱法

胎儿虽具有听力，但毕竟只能听不能唱。准妈妈要充分发挥自己的想象，让腹中的宝宝神奇地张开蓓蕾般的小嘴，跟着您协和地"唱"起来。准妈妈可先将音乐的发音或简单的乐谱反复轻唱几次，如多、勒、咪、发、索、拉、西，每唱一个音符后等几秒钟，让胎儿跟着"学唱"，然后再依次进行。

当准妈妈选好了一支曲子后，自己唱一句，随即凝思胎儿在自己的腹内学唱。尽管胎儿不具备歌唱的能力，只是通过充分发挥准妈妈的想象力，利用"感通"途径，使胎儿得以早期教育。本方法由于更加充分利用了母胎之间的"感通"途径，其教育效果是比较好的。

6. 音乐熏陶法

本方法主要适宜爱好音乐并善于欣赏音乐的准妈妈采用。有音乐修养的人一听到音乐就进入了音乐的世界，情绪和情感都变得愉

快、宁静和轻松。准妈妈每天欣赏几支音乐名曲，听几段轻音乐，在欣赏与倾听当中借曲移情，浮想联翩，寄希望于胎儿，时而沉浸于一江春水的妙境，时而徜徉进芭蕉绿雨的幽谷，好似生活在美妙无比的仙境，神驰魂荡，遐思悠悠，自然收到很好的胎教效果。

7. 朗诵抒情法

在音乐伴奏与歌曲伴唱的同时，朗读诗或词以抒发感情，也是一种很好的胎教音乐形式。现代的胎教音乐也正是朝着这个方向发展，在一套胎教音乐当中，器乐、歌曲与朗读三者前后呼应，优美流畅，娓娓动听，达到有条不紊的和谐统一，具有很好的抒发感情作用，能给准妈妈与胎儿带来美的享受。

（三）胎教音乐的种类

胎教音乐的方法多种多样。由于人们文化水平、禀赋素质、欣赏水平、生活环境等不可能都一样，有的准妈妈喜爱音乐，有的则对音乐不感兴趣，因此也就不能对所有准妈妈都统统使用固定的曲子。但我们坚信，绝对不喜欢音乐或根本没有音乐细胞的人很少，只不过是没有尝到音乐有益于身心健康的甜头。就说在比较偏远的农村，可能会有许多人对音乐不太感兴趣，可是她们肯定有喜欢听或喜欢唱的山歌、民歌，或地方戏曲。这些曲子欢快自如，有很强的感染力，听起来给人以十分亲切的感觉，听过以后同样可以收到音乐胎教的效果。所以，施以胎教音乐时不一定拘于一种形式。

（四）依性格选择胎教音乐

每个人都有不同的性格特点，不同性格特点的准妈妈，进行音乐

胎教时则应选择曲调、节奏、旋律、响度不同的乐曲。例如,准妈妈情绪不稳,性情急躁,胎动频繁不安者,宜选择一些缓慢柔和、轻盈安祥的乐曲,如二胡曲“二泉映月”、民族管弦乐曲“春江花月夜”等;这些柔和平缓,并带有诗情画意的乐曲,可以使准妈妈及胎儿逐渐趋于安定状态,并有益于母儿的身心朝着健康的方面发展。如果准妈妈性格阴郁迟缓,胎动也比较弱者,宜选择一些轻松活泼,节奏感强的乐曲,如“春天来了”、“江南好”、“步步高”,以及奥地利作曲家约翰·斯特劳斯的“春之声”圆舞曲等;这些乐曲旋律轻盈优雅,曲调优美酣畅,起伏跳跃,节奏感强,既可以使准妈妈振奋精神,解除忧虑,也能给腹中的胎儿增添生命的活力。对于音乐胎教来说,就与中医治病讲究“辨证论治”一样要因人制宜,绝不可用恒定的胎教乐曲,让所有准妈妈去聆听。

(五)依怀孕时间段选择胎教音乐

据观察,准妈妈在不同的妊娠时期有不同的生理与心理需要,往往也表现出不同的性格特点。一般在怀孕头3个月里,妊娠反应比较明显,忧郁和疲劳极为常见;在妊娠中期(即怀孕第4～7个月),准妈妈的情绪大多是乐观的,这时的食欲较旺盛,精力也显得充沛;而到了妊娠晚期,准妈妈的身子笨重,时常要想到分娩及产后的问题,思想压力较大,焦虑现象也多。针对这些问题,灵活选择胎教音乐可大大提高胎教效果。

怀孕早期宜听轻松愉快、诙谐有趣、优美动听的音乐。力求将准妈妈的忧郁和疲乏消除在音乐之中。可以选听“春江花月夜”、“假日的海滩”、“锦上添花”、“矫健的步伐”等曲子。特别值得一提的是“春江花月夜”这支曲子。如果仔细体会这支和谐、优美、明朗、愉快的乐

曲，就仿佛是置身于春光明媚，鸟语花香的大自然中。这支乐曲的题目也令人心驰神往，春、江、花、月、夜，这五种事物体现了多么动人的良辰美景，构成了诱人探寻追求的艺术境界。

怀孕中期，准妈妈开始感觉到了胎动，胎儿也已开始有了听觉功能，这时的胎教音乐从内容上可以更丰富一些。通过音乐的欣赏，不仅陶冶了准妈妈的情操，调节了准妈妈的情绪，同时对胎儿也将产生潜移默化的影响。由于这时准妈妈的身子还不是太笨，尚能从事各种家务，完全可以边干家务边听音乐。怀孕中期除了可继续听早孕期听的乐曲外，还可再增添些乐曲，如柴科夫斯基的“B小调第一钢琴协奏曲”及“喜洋洋”、“春天来了”等乐曲，尤其是柴科夫斯基的“B小调第一钢琴协奏曲”，以新颖明晰的素材，表达了对光明的向往和对生活的热爱，曲调中充满了青春与温暖的气息。如果反复倾听那些小提琴与钢琴的合奏、有力的合弦、钢琴的伴奏及生动活泼的快板，就觉

得这支乐曲既好像是波涛起伏的大海，又像是和煦扑面的春风，好似灿烂的阳光铺满了生活的大地，真正感受到生活的美好。当腹内的胎儿接收了准妈妈美好的心理信息以后，也会与准妈妈产生同感。

怀孕晚期，准妈妈很快就要分娩，心理上难免有些紧张，况且这时胎儿发育逐渐成熟，体重已达 3～4 千克，会使准妈妈感到笨重。这时应选择既柔和而又充满希望的乐曲，如“梦幻曲”、“让世界充满爱”、“我将来到人间”，以及奥地利作曲家海顿的乐曲“水上音乐”等。特别是“梦幻曲”，它是舒曼的钢琴套曲“童年情景”共 13 首曲子当中最脍炙人口的一支乐曲。柔美如歌的旋律，各声部完美的交融，以及充满表现力的和声语言，刻画了一个童年的梦幻世界，表现了儿童天真、纯洁的幻想。准妈妈随着柔美平缓的主旋律，正如进入沉思的梦境，在梦幻中出现美丽的世界，在那梦幻中升腾，就像是进入一层比一层更美丽、更奇异的梦境中，仿佛看见了一个圣洁的小天使，您那企盼了好久好久的可爱小宝宝向您走来。随着“梦幻曲”旋律的变化，准妈妈就能在梦幻中从一幅图景又转入另一图景。然后，在曲调渐渐安静下来的时候，腹内的胎儿也在这无限深情和充满诗意的曲子中酣睡了。

（六）宜选用的胎教音乐曲目

音乐的曲调、节奏、旋律、响度不同，对人体可以产生不同程度的情感和理性共鸣，有六类音乐进行胎教比较好，可供参考。

1. 催眠

如二胡曲“二泉映月”，古筝曲“渔舟唱晚”，德国浪漫派作曲家门德尔松的“仲夏之梦”等。这类作品具有轻盈灵巧的旋律，美妙活泼

的情绪，而又具有安详柔和的情调。

2. 镇静

如民族管弦乐曲“春江花月夜”，琴曲“平沙落雁”等。这类作品优美细致，音乐柔和平缓，带有诗情画意。

3. 舒心

如“江南好”、“春风得意”等。

4. 解除忧郁

如“喜洋洋”、“春天来了”，奥地利作曲家约翰·斯特劳斯的“春之声”圆舞曲等。这类作品使人联想到春天，仿佛看到春天穿着美丽的衣裳，同我们欢聚在一起，曲调优美酣畅，起伏跳跃，旋律轻盈优雅。

5. 消除疲劳

如“假日的海滩”、“锦上添花”、“矫健的步伐“，奥地利作曲家海顿的乐曲“水上音乐”等。这类作品曲调激昂，旋律变化较快，引人向上。

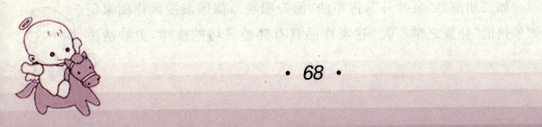

6. 促进食欲

如“花好月圆”、“欢乐舞曲”等。

四、语言胎教

父母亲通过动作和声音与腹中的胎儿对话，是一种积极有益的胎教手段。用文明、礼貌、富有哲理的语言，有目的地对子宫中的胎儿说话，给胎儿的大脑新皮质输入最初的语言印记，为后天的学习打下基础，称为语言胎教。动物的脑从内侧往外分为古皮质、旧皮质、新皮质三部分。古皮质起着爬虫类脑的作用，旧皮质起着哺乳类脑的作用，惟有人类有别于其他动物的新皮质特别发达，新皮质是用来学习知识和进行精神活动的，一生（包括胎儿期）可储存 1 000 万亿个信息单位。

语言胎教的题材很多，父母可以将日常生活中的科普知识作为话题，也可以与数胎动结合进行，还可以由父亲拟定语言胎教的常规内容进行讲述。例如，母亲对胎儿喃喃自语地讲述一天的生活，早上起床的第一句话是："早上好，我最可爱的小宝贝！"打开窗户时说："啊！太阳升起来了。"父亲可通过抚摸准妈妈的腹部，同时与胎儿对话："哦，小宝宝，爸爸来了，起来活动活动吧！对啦，小手伸出来，小脚丫在哪儿？让爸爸摸一摸。啊，会蹬腿了，再来一个……再见。"等。妊娠 18 周开始数胎动时，通过母亲对胎儿的高度注意，对胎儿体态的丰富想象及胎动的生动描述："这一下是头在撞宫壁，练的是头功；这一下是踢足，大有足下生风，击球射门之势……"边联想边喝彩鼓励，这样既增进了母儿之间的感情交流，又监护了胎动。如此丰富、生动的语言，定能对胎儿有益。

（一）语言胎教的重要性

医学研究表明：父母经常与胎儿对话，能促进其出生以后的语言及智力方面的良好发育。如果先天不给胎儿的大脑输入优良的信息，尽管性能再好，也只会是一部没有储存软件的“电脑”，胎儿会感到空虚的。

（二）语言胎教的方法

胎儿在腹中是可以学习的，听起来好像不可思议，实践证明胎儿也有学习能力，如何教胎儿学习呢，有以下几种方法，以供参考。

1. 利用彩色卡片学习语言和文字

彩色卡片就是用彩色在白纸上写语言、文字、数字的卡片。首先从汉语拼音 ɑ、o、e、i、u 开始，每天教 4～5 个，如果父母想从小发掘胎儿的外语天赋，也可教胎儿 26 个英语字母，先教大写，然后是简单的单词。

怎么教呢？如教 ɑ 这个汉语拼音时，一边反复地发好这个音，一边用手指写它的笔画。这时最重要的是，通过视觉将“ɑ”的形状和颜色深深地印在脑海里。因为这样所发出的“ɑ”这一字母信息，就会以最佳状态传递给胎儿，从而有利于胎儿用脑去理解并记住它。

汉语拼音韵母教完后，可以接着教声母和简单的汉字，如“大”、“小”、“天”、“儿”等，在教胎儿学习时，母亲要用真挚的感情和耐心，切忌急躁，敷衍了事。

2. 使用彩色卡片学习数字

通过深刻的视觉印象，将卡片上描绘的数字、图形的形状和颜色，以及所发出的声音一起传递给胎儿，胎教成功的诀窍就是不要以平面形象而要以立体形象传递。例如，光是“1”这个数字，即使视觉化了，窍门在于加上由“1”联想起来的各种事物，如“竖起来的铅笔”、“一根电线杆”等，让“1”这个数字具体又形象。在教“2”这个数字时，可以想象“浮在水面上的天鹅的倩影”和“发条的一端加上一根横棍儿”的样子，尽可能从身旁的材料中找出适当的例子来。当然，这时不要忘记清楚地发好“1”、“2”的读音。

3. 学做算术

做算术也是一样，例如教 1 加 1 等于 2 的时候，可以说“这里有 1 个苹果，又拿来了 1 个苹果，现在一共有 2 个苹果了”。将具体的、有立体感的形象，也就是将三维要素导入胎教中去。

4. 教图形

教图形时，先用彩笔在卡片上描绘出圆形、方形、三角形，将其视觉化后传递给胎儿，并找出身边的实物来进行讲解。

5. 生活常识和自然知识的学习

让胎儿预先掌握生活中的智慧和一般常识，以便出生后对日常生活的事物更加感兴趣。如做菜时，可以讲述有关炊具和烹调的方法，通过视觉将菜的颜色“告诉”给胎儿，通过嗅觉将菜的气味传达给胎儿。

胎儿的大脑有如一张白纸，对外界的信息是没有什么难易之分的，好奇就接收，厌烦就一概拒绝。这样就不妨有选择地挑一些有趣的话题，通过感官和语言传递给胎儿以刺激胎儿的思维和好奇心。

（三）给胎儿讲故事

给胎儿讲故事是一项不可缺少的胎教内容，讲故事时准妈妈应把腹内的胎儿当成一个大孩子，娓娓动听地叙述，通过语言神经传递给胎儿，使胎儿不断接受客观环境的影响，在不断变化的文化氛围中发育成长。讲故事既要避免尖声尖气的喊叫，又要防止平淡乏味的读书，方式可以根据准妈妈的具体情况而定。内容由母亲任意发挥，讲随意看书的故事；也可以读故事书，最好选择图文并茂的儿童读物；还可以给胎儿朗读一些儿歌、散文等。内容不长，宜有趣，切忌引起恐惧、惊慌。

（四）给胎儿欣赏文学作品

有人说："读一本好书，就像是与一位精神高尚的人在谈话。"书中精辟的见解和分析，丰富的哲理，风趣幽默的谈吐，都会使人精神振奋，耳目一新。准妈妈相对休息时间较多，闲暇时欣赏一本好的文学作品，母子都会受益。

为了保护准妈妈心境宁静，情绪稳定，准妈妈不宜看那些低级下流、污秽、打斗、杀戮的作品，世俗人情写得过分悲惨凄怆的文学作品也不宜看。

应当看一些轻松、幽默、使人向上的作品，如《居里夫人传》、《小木偶奇遇记》、《克雷诺夫寓言诗》、《三毛流浪记》、《塞外风情》、《长江

三日》、《伊索寓言》、《西游记》、《儒林外史》、《钢铁是怎样炼成的》，以及安徒生、格林童话等。另外，朱自清、冰心、秦牧等作家的散文作品优美隽永，耐人寻味，也应欣赏。此外，吟咏古典诗词也能令人美不胜收。

一些儿童文学作品，如《伊索寓言》、《克雷诺夫寓言》等，在欣赏过程中会使自己回到童年时代，产生童心和童趣，无形之中培植了准妈妈的爱子之心。《木偶奇遇记》等写得生动有趣，即幽默又富于感情色彩，不仅能化解孕期的烦乱心绪，而且有助于领悟儿童的心理特征，使自己成为一位称职的母亲。

当然，欣赏文学作品时不要废寝忘食，通宵达旦，这样不仅达不到怡情养性的目的，反而累及身体。

（五）给胎儿看画册

为了培养孩子丰富的想象力、独创性，以及进取精神，最好的

教材莫过于幼儿画册。可以将画册中每一页所展示的幻想世界，用富于想象力的大脑放大并传递给胎儿，从而促使胎儿心身健康成长。

利用画册做教材进行胎教时，可选那些色彩丰富、富于幻想的内容，也可以是提倡勇敢、理想、幸福、爱情的。只要适合胎儿成长的主题都可以采用。一定要注意把感情倾注于故事的情节中去，通过语气声调的变化使胎儿了解故事是怎样展开的。单调和毫无生气的声音是不能唤起胎儿的感受性的。一切喜怒哀乐都将通过富有感情的声调传递给胎儿。

不仅仅是朗读，对这些语言还要通过五官使它形象化，以便更具体地传递给胎儿，因为胎儿对语言不是用耳而是用脑来接收的。

五、美学胎教

（一）对胎儿进行美的教育

胎教中的美育是通过母亲对美的感受来实现的，它包括对胎儿进行音美、色美、行美的信号输入。音美即音乐胎教在上文中已叙述。母亲工作之余可欣赏一些具有美的感召力的绘画、书法、雕塑及戏剧、舞蹈、影视文艺等作品，接受美的艺术熏陶，并常去公园及郊外领略大自然的优美风光，把内心感受描述给腹内的胎儿，如蓝色的大海、阵阵滔声、苍翠的山峦、灿烂的晚霞、鸟语花香等。形美是指准妈妈应加强自身修养，言行举止大方，着装应色彩明快、得体、舒适，充分体现和享受孕育美。

学习一点美学知识，不仅能提高审美能力，培养审美情趣，而且

可以美化人的内心世界。准妈妈学点美学知识，能陶冶情趣，改善情绪，使胎儿能置身于美好的母体内外环境，受到“美”的熏陶。学习的内容，如庭院绿化，家庭布置，宝宝装和孕妇装的设计，纺织、烹调技术，美容护肤等，都不乏美学知识。在怀孕初期就和丈夫一起在庭院里种上西红柿、黄瓜及花草，在房间贴上美丽聪慧的婴儿像；自己设计缝制宽松优雅的服装，穿着舒适而高雅；利用家里的旧针织衣物，给宝宝改做跨栏背心；利用闲暇，给宝宝织毛衣、毛袜；晚上下班、周末学习两手新的烹调技术，做上 1～2 道可口饭菜。

这些都是很容易做到的事，而且对母子的影响都是很深远的。

（二）对胎儿进行美学培养

我们生活的这个世界里到处充满了各种各样的美，人们通过看、听、体会享受着这美的一切。然而，对胎儿进行美学的培养则需要通过母亲将感受到的美通过神经传导给胎儿，美学培养也是胎教学的一个组成部分。它主要包括音乐美学、形体美学和大自然美学三部分。

1. 音乐美学

对胎儿进行音乐美学的培养，可以通过心理作用和生理作用这两种途径来实现。心理作用方面：音乐能使准妈妈心旷神怡，浮想联翩，从而使其情绪达到最佳状态，并通过神经系统将这一信息传递给腹中的胎儿，使其深受感染。同时安静、悠闲的音乐节奏可以给胎儿创造一个平静的环境，使躁动不安的胎儿安静下来，使他朦胧地意识到世界是多么和谐，多么美好。生理作用方面：悦耳怡人的音响效果能激起母亲自主神经系统的活动，由于自主神经系统控制着内分泌

腺使其分泌出许多激素，这些激素经过血液循环进入胎盘，使胎盘的血液成分发生变化，有利于胎儿健康的化学成分增多，从而激发胎儿大脑及各系统的功能活动，来感受母亲对他的刺激。

2. 形体美学

形体美学主要指准妈妈本人的气质。首先，准妈妈要有良好的道德修养和高雅的情趣，学识广博，举止文雅具有内在的美。其次，是颜色明快、合适得体的准妈妈装束，一头干净、利索的短发，再加上面部恰到好处的淡妆，更使人显得精神焕发。据日本"每日新闻"报道，近期研究结果证明，准妈妈化妆打扮也是胎教的一种，使胎儿在母体内受到美的感染而获得初步的审美观。

3. 大自然美学

准妈妈多到大自然中去饱览美丽的景色，可以促进胎儿大脑细胞和神经的发育。

（三）准妈妈应进行美感熏陶

美感即是对美的感受与体会。强调准妈妈注重美感熏陶，是"胎教"的重要内容。从丰富准妈妈的精神生活来讲，主要是要学会欣赏美、追求美和把握美，使之提高准妈妈的美学修养，获得美的享受，从而熏陶腹内的胎儿。

"美"所包含的内容很广，如造型艺术的美、文学艺术的美、大自然的美等。由于大自然的美更贴近生活实际，下面简要提一下准妈妈应如何去欣赏大自然的美。大自然是无限美妙的，自然美包括日月星云、山水花鸟、草木鱼虫、园林田野等。准妈妈力所能及地去接

触和欣赏这些自然美景，可以大开眼界，增长知识，同时又是一种娱乐。但由于准妈妈的特殊生理条件，不可能去登临巡礼，湖海浪游。即便是在居住的宅院当中也可欣赏到自然的美景。例如，在室内摆几盆鲜花、喂养几条金鱼，在庭院种一些绿草、栽植几株花木等。只要准妈妈注意美的熏陶，在小小的庭院之中也照样可以欣赏到自然的美景。每遇节假日公休时，在丈夫的陪伴下信步于街心绿地，漫步于清爽公园，或外出郊游等，岂不照样可以欣赏到大自然的美景吗？在农村地区，春天风和日丽，万物争荣；金秋季节，天高气爽，硕果累累，并有草地、树林、山峰、池塘等景物，只要有了审美的眼光，一切都能使准妈妈赏心悦目，每时每刻都给人们注入青春的活力，增添精神营养。由于美的熏陶，准妈妈腹内胎儿的灵性也得到了陶冶，有利于胎儿朝着准妈妈企盼的目标健康地发育成长。

（四）利用大自然的美景熏陶胎儿

大自然是生命的绿地。它不仅能够给人以温馨，而且能够给人以希望。看到河边，曙光初映，柳条儿正在抽出毛茸茸的幼芽，报春花一串串金黄，桃花含苞待放露出点点绯红……多美的大自然啊！

大自然不仅可以开阔母亲的视野，对于母婴身体也大有益处，因为只有投入到大自然中去，才能让人赏心悦目。

大自然中清新的空气对于人类的健康有极大的益处，对准妈妈更是如此。这在农村或城市郊区并不新奇，在工业集中的城市就难能可贵了。交通运输的繁忙，带起各种浮尘；奔驰的汽车排出大量对身体有害的废气；工厂排出的含有各种有害物质的气体；大量的垃圾都严重地破坏了大气的洁净。有一些准妈妈，因怕伤风感冒而不敢开窗，因而人为地限制了新鲜空气的摄取。长此以往，不仅会使健康

受损，而且也会给胎儿带来一定的影响。

比较好的方法是：准妈妈在早上起床之后，到有树林或草地的地方去做操或散步，呼吸那里的清新空气，再者，树林多的地方，以及有较大草坪的地方，尘地和噪声都比较少。那些在一定的温度下工作的准妈妈，除早晨外，在工间休息时也应到树木、草坪或喷水池边走走。晚上最好能开小窗睡眠。若天太冷可关窗，但应在起床后，打开所有的窗户换空气。

俗话说："一天之计在于晨。"对于准妈妈来说就更是如此。每一位即将做妈妈的准妈妈都应该克服自己的懒惰情绪，争取每日早些起床，然后去欣赏大自然清晨的美景，也使腹中的小宝宝受到熏陶。

另外，假日里与丈夫和亲朋好友一起去郊外游玩，也是一种呼吸新鲜空气的好方式。在欣赏秀丽的大自然田园景色的同时，未出世的宝宝也会受益，因为含氧丰富的血液使宝宝像喝足水的庄稼苗一样茁壮成长。有时还会在母腹中手舞足蹈，以表示感激之情呢！

大自然的美景多种多样，各具风格。它包括日月星云、山水花鸟、草木鱼虫、田林原野等。它们都具有能陶冶人们的情感、激发人们对祖国的热爱等特性。它能给人们带来欢乐，激励人思考，使人们的精神世界得到极大的丰富。

总之，大自然是无限美妙的。多欣赏大自然的美，不仅可以使人得到休息、娱乐并伴以幽静、清爽、舒服之感，还可以使人大开眼界，增长知识，增添青春的活力。这些都是极有利于准妈妈和胎儿的身心健康的。

六、情绪胎教

情绪胎教，是通过对准妈妈的情绪进行调节，使之忘掉烦恼和忧虑，创造清新的氛围及和谐的心境，并且通过母亲的神经递质作用，促使胎儿的大脑得以良好的发育。

（一）准妈妈应保持良好的情绪

1. 应胸怀宽广，乐观舒畅

准妈妈应多想孩子远大的前途和美好的未来，避免烦恼、惊恐和忧虑。

2. 把生活环境布置得整洁美观，赏心悦目

卧室墙上挂几张健美的娃娃头像，准妈妈可以天天看，想象腹中的孩子也是这样健康、美丽、可爱。多欣赏花卉盆景、美术作品和大自然美好的景色，多到野外呼吸新鲜空气。

3. 生活有规律

饮食起居要有规律，按时作息，行之有效地劳动和锻炼。衣着打扮、梳洗美容应考虑有利于胎儿和自身健康。

4. 多看有益胎教的书

常听优美的音乐，常读诗歌、童话和科学育儿书刊。不看恐惧、紧张、色情、打斗的电视、电影、录像和小说。

5. 准妈妈在情绪胎教中负有特殊的使命

准妈妈应了解怀孕会使人产生一系列生理、心理变化。建立美好的生活环境，使生活恬静，谈吐幽默诙谐，憧憬美好的未来，这是准妈妈给自己孩子的第一份美好的礼物。

（二）准妈妈的良好精神情绪对胎儿产生良性影响

准妈妈的精神生活调节的好坏，对胎儿质量的影响很大。尽管胎儿深居母亲的胞宫之内，但随着胎孕月份的增加，母儿之间的生命活动也日渐同心，与母体共同享受着人间的喜悦与温馨，伴随着母亲的精神心理节奏逐渐萌发生命的智慧。

准妈妈的心理活动要比一般人复杂得多，特别是在怀孕早期，由于早孕反应导致身体的不适，更容易使准妈妈产生不良情绪。再就是到了妊娠晚期，由于身子日渐笨重和对分娩的恐惧，以及担心孩子生下来是否健康等问题时常缠绕着准妈妈，从而容易出现焦虑、恐惧等不良情绪。

准妈妈情绪的好坏，不仅直接影响自身的健康，而且对胎儿的影

响也很大。医学研究表明，准妈妈在情绪好的时候，体内可分泌一些有益的激素，以及酶和乙酰胆碱，有利于胎儿的正常生长发育。准妈妈在情绪不良的情况下，如在应激状态或焦虑状态中，会产生大量肾上腺皮质激素，并随着血液循环进入胎儿体内，使胎儿产生与母亲一样的情绪，并破坏胚胎的正常发育。大量调查资料表明，准妈妈在恐惧、愤怒、烦躁、哀愁等消极状态中，身体各器官的功能都会发生明显变化，从而导致血液成分的改变，影响胎儿身体和大脑的正常发育。有人曾对第二次世界大战前后德国 55 家医院所出生的婴儿做过调查

发现，1933 年希特勒上台前 7 年间，新生儿畸形率为 1.25%；1933～1940 年，希特勒上台执政的 7 年间，畸形儿发病率上升到 2.38%；1940～1945 年，第二次世界大战时期又上升到 2.85%；1946～1950 年前后最困难的 5 年里的畸形儿发病率高达 6.5%。这说明希特勒的残暴统治，第二次世界大战的紧张、恐怖，以及战后的困境，对准妈妈的情绪和胎儿的正常发育有很大的影响。医学研究还发现，妊娠 7～10 周内是胎儿腭骨的发育期，此时准妈妈的情绪若过度不安，则

可导致胎儿唇裂；孕期若过度恐惧忧伤、高度紧张，或接受机体难以承受的精神刺激等，均可引起胎盘早剥，造成胎儿死亡。

精神情志因素对胎儿形体影响就如此之大，更甭提不良情绪对胎儿心理与智力的影响了。可见，孕期保持良好的精神状态是万万不可忽视的重要问题。这就要求准妈妈要有意识地培养宽广的胸怀、愉快的心境、稳定的情绪，家庭内部也要密切配合，努力为准妈妈创造一个良好的生活环境，让准妈妈充分体会家庭的温馨，使准妈妈的外部感受由在腹内的胎儿得以接应。这正是中医学“外感内应”胎教理论的落实。

（三）准妈妈的精神刺激对胎儿产生不良影响

作为历史悠久，以提高人口质量、改善民族素质为目的的胎教，人们一提起来往往觉得有点玄虚。深居母腹的胎儿怎么能接受教育呢？岂不是天方夜谭吗？事实上却不是这样。母亲给胎儿以积极的教育可有效地提高胎孕质量，若母体接受了难以承受的不良刺激，则会给胎儿造成严重的不良影响。仅以唐山大地震对胎儿智力的影响稍加叙述，即可足资为证。

1976 年 7 月 28 日凌晨，唐山发生了一场毁灭性的大地震，这一灾难的降临，给唐山的准妈妈们带来了巨大的精神刺激。事过 10 年以后，为了考察这场严重的自然灾害对当时正在母腹中的胎儿有无影响，华北煤炭医学院李玉蓉医生从市内几所小学中挑选了 350 名出生于 1976 年 7 月 28 日～1977 年 5 月 30 日的儿童进行研究，其中 206 名作为地震组，该组儿童的母亲在孕期均遇到了震灾。另外 144 名是同期出生于外地，后来在唐山定居的作为对照组。这批儿童的母亲在孕期身体健康，婴儿分娩时无产伤，以后也没有患过影响智力

的疾病。体力测验结果两组没有大的差异，智力测验结果则以地震组偏低。地震组平均智商为86.43，智商为90以上者占36.4%；对照组平均智商为91.95，智商为90以上者占50.7%。研究者又从两组中选出性别、学校、年级、父母职业及文化程度相同的24对儿童加以对比，对比结果为：地震组平均智商为81.7，而对照组为93.1，从对比中发现，地震组与对照组的智商差别比较明显。

在地震组206名儿童的母亲中，有87%以上在地震中失去了直系亲属。这种突然的、从未体验过的非常事件，给当时的准妈妈造成了心灵上强烈的震撼与创伤，就必然会导致心理状态失衡，引起高度紧张和应激反应。时至今日，每当提起当年的大地震，仍能触痛这些母亲的心灵。悲痛和忧伤长时间的笼罩，对胎儿的正常生长发育无疑是一种不良影响。通过这一事例我们也就不难看出，精神因素与胎儿的生长发育存在着密不可分的内在联系，精神状态的好坏可直接影响胎孕质量的高低。

（四）情绪胎教中丈夫的责任和做法

准妈妈的情绪与胎儿的发育有着极为密切的关系，深居宫中的胎儿并不是“两耳不闻宫外事，只管吃喝拉撒睡”。前一些实例就足以证明，胎儿是随着母亲情绪的变化而作出相应反应的。为了了解保持准妈妈情绪稳定的重要性，我们先从医学科学的角度谈一谈情绪不良对准妈妈与胎儿的巨大影响。

在妊娠早期若处于极度的忧虑之中，会影响母体血红蛋白的含量和胎儿的体重。如果母体和胎儿血液内的碳氧血红蛋白增高，血液黏稠度增加，可引起胎儿缺氧，造成胎盆的血液循环不良，导致胎儿在子宫内生长迟缓，不能正常发育，出生后体重轻，而且智力也容

易有缺陷。

准妈妈情绪波动过大，还可引起血液中乙酰胆碱、肾上腺素等分泌量的变化，随血液循环通过胎盘影响胎儿。乙酰胆碱分泌量下降，会影响胎儿肝脏的生长发育；肾上腺素分泌量的增加会使血管收缩，影响子宫的血液供应，使胎儿心脏跳动加快，不利于胎儿的正常生长发育。倘若准妈妈长期精神紧张、恐惧不安，血液中还可能产生一种特殊的化合物——长泰霍洛明。这种物质会使胎儿感到不安，胎动增加。准妈妈过度激动时，胎儿在子宫内活动强度会超过正常状态的3～5倍。准妈妈过度紧张还会引起子宫收缩，以致发生早产，或引起胎盘早期剥落，导致胎死腹中。以上谈到的这些并不是危言耸听，都是医学界通过长期观察以后总结出来的。为了母婴的健康，并力争生一个健康聪明的孩子，除了准妈妈要善于自我控制与调节自己的情绪外，丈夫要努力调节好家庭的精神生活，使妻子保持良好的精神状态。

丈夫怎样去做才能使妻子的精神更加愉快，情绪更趋稳定呢？

首先，要善于洞察妻子的心理活动，把握她在想什么、有什么心事、希望丈夫如何去做等。针对爱人的心理要求，做一些迎合妻子心理的事情与工作。其次，要倍加体贴关怀正在怀孕的妻子，创造良好的家庭氛围，使家庭更为欢快温馨。另外，还要注意言谈举止，丈夫的一言一行往往对妻子的心灵有很大的触动。例如，对妻子所怀胎孕的性别是男是女问题，就不宜过多挂在嘴上。诚然，生男生女都会给家庭带来莫大的快慰，但有不少人仍有些旧的世俗观念作祟，这种不以人们意志为转移的问题，很容易给准妈妈的思想造成很大压力。如果发现妻子不高兴时，丈夫要殷勤地给以安慰，可以给妻子放几段轻松愉快的音乐，谈一些在外面的见闻，讲一些幽默动人的故事等，

这都是调节准妈妈情绪的良好措施。至于具体到每一对夫妇应该采取哪些具体的措施，则视各自的实际情况而随机应变了。

丈夫在情绪胎教中的具体做法：

1. 当好“后勤部长”

孕妻一个人要负担两个人的营养及生活，非常劳累。如果营养不足或食欲不佳，不仅使妻子体力不支，而且严重地影响胎儿的智力发育。因为，孩子的智力形成有 2/3 在胚胎期。所以，丈夫要关心妻子孕期的营养问题，尽心尽力当好妻子和胎儿的“后勤部长”。

2. 丰富生活情趣

早晨陪孕妻一起到幽静的公园、树林、田野中去散步，做做早操，嘱咐妻子白天晒晒太阳。这样，妻子也会感到丈夫温馨的体贴，自觉舒适惬意。

3. 风趣幽默处事

妻子由于妊娠后体内激素分泌的变化大，有妊娠反应而情绪不太稳定，因此特别愿意向丈夫诉苦。这时，丈夫惟有用风趣的语言及幽默的笑话宽慰及开导孕妻，才是稳定孕妻情绪的良方。

4. 协助直接胎教

丈夫对妻子的体贴与关心，父亲对胎儿的抚摸与问候，都是生动有效的情绪胎教。与此同时，情绪胎教的成功与否，与直接胎教的内容直接关联。因此，丈夫要协助孕妻开展每一项直接胎教。

七、环境胎教

环境胎教,是通过指导年轻夫妇在准备受孕前6个月就开始学习环境卫生知识,以利于优境养胎。

(一) 为胎儿营造一个良好的内外环境

人类从受精卵—胚胎—胎儿直到出生瞬间成为新生儿,大约经历280天。妊娠过程中胎儿能否正常生长发育,除了与父母的遗传基因、孕育准备、营养因素有关外,还与孕母在妊娠期间的内外环境有着密切的联系。尤其在早孕8周内,胚胎从外表到内脏,从头颅到四肢大都在此期形成,加上胚胎幼稚,不具备解毒功能,极易受到伤害,故孕56天内是环境致胚胎畸变的高敏时期。

为了保证胎儿的健康发育,母亲应该避免六种不利于妊娠的内外环境:①多次人工流产或自然流产后受精。②夫妻体弱患病受精。③不洁的性生活(包括性病)引起的胎儿宫内感染。④放射线伤害。⑤职业与嗜好的不良刺激。⑥污染源及噪声。

值得强调的是:妊娠期的性生活与胎儿的发育与健康关系密切。在妊娠早期,子宫为了适应受精卵的分裂增殖,以及胚胎期的细胞分裂,尤其是脑细胞的分裂,本能地处于安静状态。为了确保宁静的内环境,防止流产,受精后应该停止性生活。妊娠中期的性生活要适度,勿压轻缓,以避免自然流产。妊娠晚期由于子宫日渐膨隆,子宫收缩逐渐加强,为了防止早产及感染,应禁止性生活。

（二）给准妈妈创造良好的家庭气氛

准妈妈的整个妊娠过程，绝大多数的时间是在家庭中度过的，家庭气氛和谐与否对胎儿的生长发育影响很大。和谐的家庭气氛是造就身心健康后代的基础，在和睦相处的氛围中，准妈妈得到的是温馨的心理感受，胎儿也能在如此良好的环境中获得最佳熏陶，从而促进身心的健康发育。要创造好的家庭氛围，夫妻双方的修养都有必要加强，夫妻之间要互敬、互爱、互勉、互慰、互谅、互让。经常交流感情，彼此相敬如宾，尤其是丈夫更要积极热忱地为妻子及腹内的孩子服务好，不断地给准妈妈的精神与饮食上输入营养，给正在孕育着的这株“秧苗”以阳光雨露，扮演好未来父亲的荣耀角色，使妻子觉得称心，胎儿也感到惬意。在如此和谐的家庭氛围中生活，对母儿的身心健康均大有裨益。

（三）给准妈妈创造温馨的家园

家庭并不是游离于社会之外的孤岛，而是社会的重要组成部分，一天24小时，一般只有1/3的时间是在工作岗位，其余的时间多数是在家庭中度过。有一个温馨的家庭环境，对于调节准妈妈的精神情绪，增强施以胎教的信心，激起对未来生活的企盼等都大有裨益。

怎样才能给准妈妈创造一个温馨的家庭环境呢？在这个问题上可是大有学问。从有益于调节准妈妈的精神情绪来说，置办必要的家庭设施当然重要，但关键是要多搞精神上的"投入"，使夫妻生活更趋和谐。敬爱的周恩来总理和邓颖超同志根据几十年的生活实践，总结出了一首"八互歌"，可以作为夫妻共创温馨家庭的准则。

一互敬，多协商。二互爱，情意长。
三互信，莫乱想。四互勉，共向上。
五互助，热心肠。六互让，不逞强。
七互谅，心坦荡。八互慰，暖心房。
合家欢，乐无疆。八互歌，切莫忘。
努力做，认真想。携手进，路宽广。

"八互歌"高度概括了在夫妻关系处理上双方应遵循的道德准则，同时也道出了怎样才能使夫妻和谐与家庭温馨的秘诀。夫妻间互敬互爱是共同创造温馨家庭的感情基础。男女之间缔结了婚姻关系后，应由婚前的感情相爱，转化为理智相爱。夫妻之间应互相尊敬，既要尊重对方的人格、工作与劳动，还要尊重对方的志趣和意愿，任何一方都不能盛气凌人，傲慢无礼。丈夫不要"大男子主义"十足，

认为自己是一家之主，一切自己说了算，生儿育女是女人们的事，社会大舞台才是男人们的天地，这些传统的世俗观念非常错误，应彻底加以纠正；妻子也不要一心想慑服丈夫，动辄大发威风，使对方俯首贴耳，一切都凌驾于丈夫之上。只要夫妻之间做到相互尊敬，即使有点意见和分歧，也能开诚布公地妥善解决。

夫妻间互信互勉是共同创造温馨家庭的心理保障。婚后的小俩口有事共同商量，有困难共同克服，有缺点互相纠正，互相信赖，以诚相见，这是夫妻生活和谐的可靠心理保障。倘若听见风就是雨，对另一方疑神疑鬼，胡乱猜疑，就很容易引起夫妻感情的破裂。所以，夫妻间必须相互信任，相互理解，相互激励，相互鞭策，使之感情恩爱，和睦相处。夫妻间互助互让是共同创造温馨家庭的眷顾根本。男女之间由于生理特点不同，在不同的时期夫妻双方在家庭中就有不同的分工和义务。当小俩口制订好受孕计划以后，仍需相互帮助，但更主要的是男方要多帮助和尊让女方一些，使妻子心神愉悦地怀胎受孕。尤其是当女方受孕以后，丈夫更应多帮助妻子干些家务，有好的食物也要让着妻子吃。在妻子怀孕初期，由于突然的生理改变，导致心理上也相应发生一些变化，易于烦躁、唠叨，这时丈夫要有君子大度，应更多地帮助、谦让妻子，这是不容忽视的一点。

夫妻互谅互慰是共同创造温馨家庭的关键。在家庭生活中，夫妻之间相互体谅和抚慰，就可以密切夫妻之间的感情。例如，在家务劳动中，适合丈夫去做的事丈夫要主动承担，适合妻子做的活也应愉快地去干，只要双方都能主动承担应尽的职责，其家庭生活当然是温馨的。当妻子怀孕以后，平日经常干的家务活不能胜任了，丈夫应体谅妻子，主动去承揽这些家务，并且还要多给妻子一点抚慰，这样才

能使准妈妈安全顺利地度过妊娠期。所以，丈夫应当多体谅和抚慰怀有身孕的妻子。

只要按照“八互歌”的要求，夫妻之间做到互敬、互爱、互信、互勉、互助、互让、互谅、互慰，其夫妻感情就一定能融洽，家庭环境也必然温馨，所怀胎儿的质量也肯定较高。

以上着重强调了丈夫应该做的，而不是说妻子在创造温馨家庭当中的责任就小，在此顺便向准妈妈进一言：作为在妊娠期的妻子，也应该理解丈夫，在这一过程当中丈夫也有一定的心理变化，他既为将要当上爸爸而喜悦，同时也为担负起丈夫和父亲的责任而惶恐。加之妻子身体的不适、性情的改变、感情的转移，使丈夫会感到无所适从，焦虑不安。因此，妻子也要像“八互歌”中所讲的那样去做，给丈夫以一定的关怀和理解，与丈夫一道为共同创造温馨家庭而努力。

（四）居室装饰要有利于胎儿的发育

首先，要为准妈妈创造一个良好的环境，如家庭和睦、室内整洁雅观等。其次，要经常到空气清新、风景秀丽的地方游览，多听听悦耳动听的音乐，多看看美丽的图画和花草，以调节情趣。这样可使准妈妈心情舒畅，体内各系统功能处于最佳，可以使胎儿处于最佳的生长环境，这对于希望自己的孩子聪明漂亮的夫妻是十分必要的。居室还要进行绿化装饰，而且应以轻松、温柔的格调为主，无论盆花、插花装饰，均以小型为佳，不宜用大红大紫，花香也不宜太浓。准妈妈在被花朵装饰得温柔、雅致的房屋里，一定会有舒适轻松的感觉，这有利于消除准妈妈的疲劳，增添情趣。

在居室的墙壁上还可以悬挂一些活泼可爱的婴幼儿画片或照片。他们可爱的形象会使准妈妈产生许多美好的遐想，形成良好的

心理状态。另外，悬挂一些景象壮观的油画也是有益的，它不仅能增加居室的自然色彩，而且能使人的视野开阔。试想，茂密的森林、淙淙的流水、蓝天高穹、海浪沙滩……多么令人神往。即使是紧张、劳累了一天，准妈妈也可以在这优美的环境里得到很好的休息。

除此之外，还可以在居室悬挂一些隽永的书法作品，时时欣赏，以陶冶性情。书法作品的内容常常是令人深思的名句，从中不仅能欣赏字体的美，更能感到有一种使人健康向上，给人以鼓舞和力量的作用在时时激励自己。

在这优美的环境里，准妈妈可以培养更广泛的兴趣，如可以自己种一些花草，喂养一些漂亮的小鱼等。这些都能够陶冶准妈妈的情操，感到那种旺盛的生命力是无处不在的，进而产生美好的联想。

（五）避免噪声对胎儿的影响

国外有位与机场为邻的妇女，生下的儿子为先天性唇裂（就是我

们俗话说的“兔唇”)。她在医学科研机构做了多项遗传学检查,均属正常,便认定是飞机的噪声使她腹中胎儿受损,于是状告机场,要求赔偿巨款。双方律师唇枪舌剑,最后虽未能肯定此男婴的“兔唇”就是机场噪声所致,但却达成了共识:噪声可能是一种影响优生的新的致畸源。

其实,早在20世纪70年代末期,美国医学家就提出报告,机场周围居民畸形儿的出生率高于其他地区。由此,医学科学家们开始了噪声对优生影响的研究。动物实验表明,噪声能刺激母体丘脑下部-垂体前叶-卵巢轴系统,使母体内激素发生逆向改变,影响受精卵的正常发育。接着,日本科学家安藤在对大阪国际机场的噪声做调查后指出,噪声的刺激可引起母体激素和神经细胞改变,继而影响胎儿神经系统的正常发育。另有专家研究认为,噪声可以通过干扰妊娠母体,间接干扰胚胎发育;噪声还可以直接作用于胎儿的遗传基因,引起突变致畸。

妊娠期理想的声音环境是不低于10分贝,不高于35分贝。但是,现代生活中的孕期妇女已很难找到这种环境了。妊娠期妇女每天接触50～80分贝的噪声2～4小时,便会出现精神烦闷紧张,呼吸和心率增快,心肺负担加重;神经系统的功能也会出现紊乱,头痛、失眠随之而生;内分泌系统功能降低,尤其是雌激素和甲状腺素分泌不足;消化功能受损,准妈妈难以获得足够的营养;免疫功能下降,准妈妈容易患病毒或细菌感染性疾病。这些都是导致胎儿发育不良、新生儿体重不足、智力低下或躯体器官畸形的重要原因。还有研究发现,在噪声环境中孕育娩出的婴儿,0～3岁患病次数比其他婴儿每年平均多2～4次。

目前在我国,妊娠期妇女接触噪声的机会很多,主要有:城市噪

声，仅街道的行车噪声一般就可达 70 分贝以上；生产噪声，如纺织机的噪声高达 150 分贝，即使戴上耳塞，听到的噪声仍达 50～70 分贝，机车乘务员和机床作业者所处环境的声音，平均也在 80 分贝左右；家庭噪声，住所临近机（车）场、工厂区，家电噪声和吵闹声，声音强度也不低于 70 分贝。由此看来，要想让母子平安，除了吃好、睡好以外，造就一个远离噪声、相对安静的环境，也是万万不可或缺的。尽管按照我国目前的国情和生活条件来说，做到这一点还比较困难，但是妊娠妇女一定要有“噪声会影响优生”的意识，在生活和工作中，尽可能创造条件，把接触噪声的机会降到最小限度。例如，有条件者可临时调换居住地点；改换工种，脱离噪声环境；减少去闹市区的次数，不去歌舞厅等声音强的娱乐场所；把家中电视机、录音机音量调小；将床远离空调机和电冰箱；避免家庭成员经常性吵闹等。

另据研究发现，在 70 分贝声强环境中度过 4 小时，人体内的维生素 B_1 和维生素 C 分别减少 30％和 35％，其他水溶性维生素也会相对减少。所以，专家们提示，多吃蔬菜水果或补充些维生素制剂，对减少噪声对妊娠妇女的危害也有帮助。

（六）了解深海和高原对胎儿的影响

在我国的一些沿海地区，妇女也从事潜水采集工作。有一位准妈妈，在怀孕的最初 3 个月中曾多次潜水作业。当她分娩时，发现孩子发育不正常。医生们对一批潜海的妇女进行了调查，这些孕期仍戴着水下呼吸器的妇女，她们的新生儿中先天性异常的发生率确实明显偏高。目前，尽管还没有更多的调查材料对从事潜水作业的妇女在高大气压力下胎儿是否受到影响做出结论，但医生们还是认为，怀孕的妇女应停止潜水作业。

与此相反，处于高海拔低气压的准妈妈，由于长期处于低气压的环境中，胎儿也会受到影响。在海拔 2 700～3 000 米高度生活和工作的妇女，她们的胎儿和新生儿的死亡率明显增高。例如，在海拔 3 100 米这样的高度生活和工作的妇女，再加上吸烟和有慢性肺部疾病，她们生下的孩子体重往往很轻。在海拔 4 100 米以上地区生活的妇女，她们的孩子出生时低体重的现象更为明显。显然，大气压力越低，造成的长期慢性缺氧对胎儿越不利。因此，医生们劝说准妈妈不要吸烟、积极治疗肺部疾病的同时，还对去高海拔地区生活或工作的准妈妈作出规劝，即在低海拔地区生活或工作的妇女怀孕后，如要去高于 2 500 米以上海拔的地区工作和生活时，最好是在分娩后再去，这样可以避免或减少低气压和慢性缺氧对胎儿的不良影响。

八、光照胎教

光照胎教，是指自孕 36 周开始，当胎儿醒觉(胎动)时，用手电筒的微光一闪一灭地照射准妈妈腹部，以训练胎儿昼夜节律，即夜间睡眠，白天觉醒，促进胎儿视觉功能及脑的健康发育。

(一) 光照胎教的作用

光照胎教可选择在每天早晨起床前与每晚看完新闻联播及天气预报之后进行，以便日后养成孩子早起床，晚学习的好习惯。日本一位胎教专家说：只要胎教方法得当，完全能够生出一位脑力非凡的婴儿。

（二）光照胎教的方法

胎儿的视觉能力发育较晚，到妊娠7个月时，胎儿的视网膜才具有感光的功能，即对光有反应。当对母亲腹壁进行直接光线照射时，利用B超做探测观察，可以见到胎儿会出现躲避反射，背过脸去，同时也可以看到胎儿有睁眼、闭眼活动。因此在孕7个月以后，准妈妈可以每天定时用手电筒微光紧贴腹壁一闪一灭照射胎头部位，每次持续5分钟。这样有利于胎儿的视觉功能健康地发育。同时还有助于强化昼夜周期，并可促进其动作行为的发育，这对他日后视觉敏锐、协调、专注、阅读都将会产生良好的影响。但切忌用强光照射，时间也不宜过长。

光照胎教的具体做法：怀孕7个月后，通过产前常规检查已经知道胎儿头的部位，每天选择固定时间，用4节1号电池的手电筒通过准妈妈腹壁照胎儿头部，时间不要太长，每次5分钟。胎儿在黑洞洞的子宫里，看到这束光线，他首先转头，而后眨眼，表示他看到了光明。

第五章　逐月胎教方案

一、第一个月胎教

1. 胎儿特征

受精后7～10日，受精卵便在子宫内膜着床，并从母体中吸收养分，开始发育。在前8周时，应该称为胚胎，还不能称为胎儿。胚胎的大小，在怀孕第3周后期长0.5～1.0厘米，体重不及1克，但肉眼已

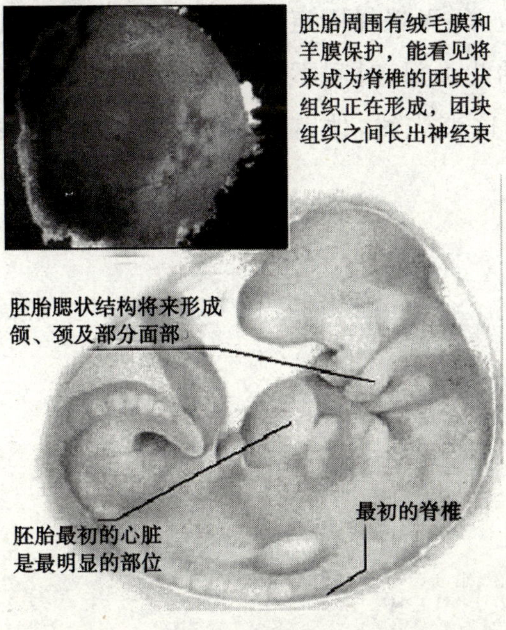
胚胎周围有绒毛膜和羊膜保护，能看见将来成为脊椎的团块状组织正在形成，团块组织之间长出神经束
胚胎腮状结构将来形成颌、颈及部分面部
胚胎最初的心脏是最明显的部位
最初的脊椎

1～4周胎儿

能看出其外形。外表上，胚胎尚无法明显地区分头部和身体，并且长有鳃弓和尾巴，和其他动物的胚胎发育并无两样。而此时原始的胎盘开始成形，胎膜（亦称绒毛膜）亦于此时形成。

2. 母体变化

孕妇开始呈现怀孕迹象，通常在 2 周以后，因此这时期尚未有任何症状。不过有些人的身体会有发寒、发热、慵懒困倦及难以成眠的症状，因一时未察觉是怀孕，往往还误以为是患了感冒呢。这时子宫的大小与未怀孕时相同，还没有增大的现象。

3. 胎教事项

（1）持续高的基础体温是怀孕的喜讯：对于做妊娠计划的准妈妈，对自己身体变化的情形特别敏感，她们最早知道有新生命孕育的信息，就是通过每天记录基础体温得知的，当有高温（37℃左右）持续的喜讯，这就是新生命来临的第一个信号。这个时期，腹中胎儿还只是“生命之芽”，但是已经慢慢朝着“人”的道路前进。

（2）准妈妈应注意营养均衡：妊娠第一个月，因为胎儿只有 1～2 厘米大，因此只需要极微量的营养。可是很快地，胎儿即需从母体摄取大量的养分，供自己成长。如果妈妈偏食，容易发生胎儿营养不均衡的情况。为了胎儿的健康，准妈妈必须努力改善自己的饮食习惯。

准妈妈的营养对胎儿的发育有很大的影响，这是众所周知的，如某些贫困地区，因为长期的饥荒，使得营养不良的准妈妈产下干瘦的婴儿。为了使体内的胎儿能顺利成长，准妈妈要尽量安排好每天的饮食生活，养成均衡、良好的饮食习惯，尽量将食物烹调得美味可口，增进食欲。

(3)外在刺激易使胎儿不健全：妊娠初期，由于正值胎儿形成脑、手、足的阶段，如果从外部给予重大的刺激，会使胎儿的发育进度产生异常。造成胎儿异常的原因有很多。妊娠初期(4～8周)准妈妈会有失眠、呕吐的情形，如果此时服用一些止吐药，就会使正在形成手、足的胎儿受到伤害，可能会使细胞分裂中止，结果生下手脚残缺的婴儿。

此外，如果母体在妊娠初期的临界期患麻疹，则胎儿的眼睛、耳朵、手、脚、心脏发生畸形的概率非常高(33%～58%)；如果孕妇已有免疫性，胎儿就可免于遭受麻疹病毒的侵犯。只要做血液检查，即可知道妈妈是否有免疫。所以，女性在妊娠前要做麻疹抗体检查，如果是阴性，要早日接种麻疹疫苗，日后就可安心受孕。妈妈如果吸烟或有精神压力，也会妨碍胎儿的正常发育。

怀孕初期对胎儿而言是一个特别的时刻，虽然妈妈并不知道，可是带给胎儿的影响，将决定他未来一生的命运，孕妇们需特别注意。

(4)预产日的推算：妇女怀孕后都希望知道孩子什么时候出生，以便能有所准备。预产期一般按末次月经推算。预产日的推算公式为最后一次月经的第一天的月份上加9，日期上加7。例如，假定最后一次来潮的第一天是2月5日，那么预产日就为11月12日。

但是，如果最后一次月经是在4月以后，则月数加9会超过12，也就是预产期是下一年的月份，因此在一开始就减掉3，如此便能得到正确答案。此外，当预产日的日数超过预产月份的日数时，就表示超过的日数应该是在下个月份，所以预产月份也要变成下个月份。例如，最后一次月经的第一天是6月27日时：

(6+9)−12=3或6−3=3(预产月)

(27+7)−31(3月有31天)=3(预产日)

预产日为3月3日。由于个体的差异，在预产期前3周内(即满

37 孕周)或延迟 13 天内分娩属正常,不必为分娩的提早来临和延晚而惊恐担心。

4. 胎教食谱

清蒸鲤鱼

原料:新鲜鲤鱼 1 条,重 500 克以上。

制作:将鱼去鳞、肠、肚,置菜盘中,放入笼中蒸 15～20 分钟,取出即可食用。

特点:禁用一切油盐调料。妊娠呕吐者愈吃愈香甜可口,对治疗恶心尤有良效。

花生仁猪蹄汤

原料:花生仁 200 克,猪蹄 1 000 克,生姜 30 克,食盐适量,葱 10 克,胡椒粉 0.15 克,味精 0.1 克。

制作:①将猪蹄镊毛、燎焦皮、浸泡后刮洗干净,对剖后砍成 3 厘米见方小块;花生仁在温水中浸泡后去皮,葱切花,姜拍破。②把大锅置旺火上,加入清水(2.5 升),下猪蹄,烧沸后捞尽浮沫,放入花生仁、生姜。③猪蹄半熟时,将锅移至小火上,加食盐继续煨炖。待猪蹄炖烂后,起锅盛入汤钵,撒上胡椒粉、味精、葱花即可。

特点:汤白、肉烂,富于营养。

番茄烧豆腐

原料:番茄 250 克,豆腐 2 块,油 75 克,糖(最好是白糖)、酱油各少许。

制作：第一种做法，先用沸水把番茄烫一下，去皮，切成厚片；豆腐切成3厘米左右的长方块。锅上火，油预热，放番茄片小炒片刻，随即把切好的豆腐块放入，加酱油、白糖煮沸，待豆腐炒透即好。第二种做法，在炒完番茄片后，加适量清水，烧沸。放入豆腐块和糖、酱油、食盐，烧透。放入少许绿色蔬菜，即可上盘。

特点：此菜红、白、绿相间，色美味鲜。番茄含有大量的维生素C，对于骨、齿、血管、肌肉组织极为重要，并且能刺激食欲，增加对疾病的抵抗能力。

二、第二个月胎教

1. 胎儿特征

怀孕满7周之时，胚胎身长约为2.5厘米，体重约为4克。心、胃、肠、肝等内脏及脑部开始分化，手、足、眼、口、耳等器官已形成，可以说已是越来越接近人的形状，但仍是小身大头。绒毛膜更发达，胎盘形成，脐带出现，母体与胎儿的联系非常密切。

2. 母体变化

孕妇基础体温呈现高温状态，这种状态将会持续14～19天为止。身体慵懒发热，下腹部和腰部稍微凸出，乳房发胀，乳头时有阵痛、颜色变暗，排尿次数增加，心情烦躁，感到恶心，并且出现孕吐情形，有些人甚至会出现头晕、鼻出血、心跳加速等症状。这些都是初期特有的现象，不必过于担心。此时子宫如鹅卵一般，比未怀孕时大一点，但孕妇腹部表面还没有增大的变化。

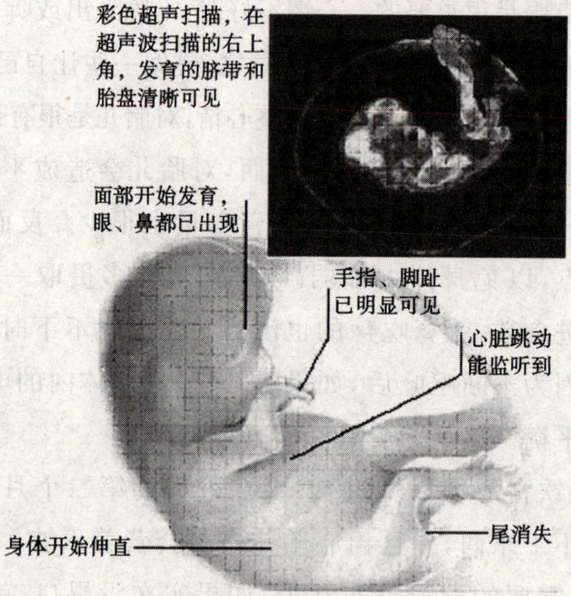
彩色超声扫描，在超声波扫描的右上角，发育的脐带和胎盘清晰可见
面部开始发育，眼、鼻都已出现
手指、脚趾已明显可见
心脏跳动能监听到
身体开始伸直
尾消失

5～8周胎儿

3. 胎教事项

(1)孕吐——来自胎儿的信息：孕吐是胎儿发出的信息，为了胎儿，准妈妈要积极地克服孕吐，这样才能让胎儿有一个安心成长的环境。孕吐的症状，除了恶心、呕吐之外，还会有口中酸酸的、头痛、肩膀僵硬、腰痛、倦懒、焦躁等。孕吐严重时，孕妇会觉得不舒服，不过这是准妈妈为准备一个让胎儿成长的环境，所产生的最早的正常生理变化。

(2)避免孕吐影响准妈妈的心理：有些妇女在妊娠第二个月，即能由一些微小信息感觉胎儿的存在，这种信息就是孕吐。孕吐不是疾病，而是人体能够忍受的生理状况，孕吐乃为孕妇感觉妊娠的第一步，可是也有一些孕妇没有这种过程。有些妇女孕吐的情况极为严重，所以将怀孕视为很可怕的事情。

(3)孕吐时要保持积极、乐观的态度：孕吐的情况是因人而异的，所

以，自己设法克服是很重要的。心情不好时，干脆外出或听自己喜欢的音乐、看自己爱看的书刊或影视剧……总之，要做一些让自己愉快的事情。有时候，不妨请丈夫做饭。适当地调整心情，对胎儿是很有帮助的。

很多人担心因为孕吐吃不下东西，对胎儿会造成不良影响，事实上，这个时期的胎儿还很小，所需的营养量也很少。反而是孕妇应该尽量多吃一点，以免身体太虚弱。此时，盐分多摄取一点也无所谓。假如为了增进食欲，就算吃辣的也没有关系。吃不下时，多少要补充一点水分。因为不断呕吐后，如果不补充水分，体内的电解质或无机盐便会失去平衡。

(4)变换饮食习惯以增进食欲：在妊娠的第二个月，有些孕妇会因孕吐而吃不下东西，并且担心胎儿是否会营养不够。其实，孕吐期间胎儿还小，需要的营养量非常少，如果实在没胃口，就不要强迫自己进食。假如为了胎儿，勉强吃下含有钙质或蛋白质的食物，效果也不大。有些人这时对食物的偏好会改变，连看到鱼、肉都会有呕吐感，如果闻到刚煮好的饭都会感觉不舒服，也没必要勉强自己一定要坐在饭桌前。想吃的时候就放心地吃，稍微改变饮食习惯，将自己从“不吃不行”的压力中解放出来，反而会增进食欲。

(5)避免服用黄体激素保胎：妊娠第二个月即开始形成生殖器官，这时孕妇若为了预防流产而服用合成黄体激素，由于这种激素有男性化作用，所以有时生出来的女孩子会有男性化的现象。

4. 胎教食谱

白菜奶汁汤

原料：白菜心 500 克，牛奶 50 毫升，食盐 5 克，味精 0.5 克，鸡汤

（猪肉汤亦可）150 毫升，湿淀粉、食油、鸡油各少许。

制作：①白菜去筋洗净，切成 4.5 厘米长、1.5 厘米宽的条，放入水中煮熟捞出，控去水分。②将锅置火上放入食油烧热，烹入汤，再加入味精、食盐、白菜，烧 1～2 分钟，放入牛奶，开锅后，勾入淀粉，淋上鸡油，盛入盘中即可。

特点：色泽乳白，奶味浓郁，使食欲顿开。

萝卜炖羊肉

原料：羊肉 500 克，萝卜 300 克，生姜、香菜、食盐、胡椒、醋各适量。

制作：①将羊肉洗净，切成 2 厘米见方的小块；萝卜洗净，切成 3 厘米见方的小块；香菜洗净，切断。②将羊肉、生姜、食盐放入锅内，加入适量的水，置武火烧沸后，改用文火煎熬 1 小时，再放入萝卜块煮熟。③放入香菜、胡椒、醋。

特点：适用于消化不良等症，且味道鲜美，可增进食欲。

猪肝凉拌瓜片

原料：黄瓜 200 克，熟猪肝 150 克，香菜 50 克，海米 25 克，酱油、醋、食盐、味精、花椒油各适量。

制作：①黄瓜洗净，切成 3 厘米长、0.9 厘米宽、0.3 厘米厚的片，放在盆内。②熟猪肝去筋，切成 4 厘米长、0.9 厘米宽、0.3 厘米厚的片，放在黄瓜上。③香菜洗净去根，切成 1.5 厘米长的段，撒在肝片上。④海米用沸水发好，倒入盆内。⑤调料搅匀浇在瓜片和肝片上即成。

特点：猪肝含有大量的铁，与新鲜嫩黄瓜搭配，清香味美，增进食欲。

豆腐馅饼

原料:豆腐 250 克,面粉 250 克,白菜 1 000 克,肉末 100 克,虾米 25 克,香油 25 克,笋、姜、葱、味精、食盐各少许。

制作:①豆腐抓碎,白菜切碎,用沸水焯一下,挤出水分,加入调料与之调成馅。②面粉加水适量,调成面团,分成 10 等份,每一等份擀成小汤碗大的皮子。③菜分成 5 份,两张面皮中间放一团馅,再用小汤碗一扣,去掉边沿,即成一个很圆的豆腐馅饼,共做 5 个,然后将炒锅烧热下猪油 25 克,将馅饼煎成两面金黄即可。

特别:味美,易消化,营养丰富。

砂仁鲫鱼汤

原料:砂仁 3 克,鲫鱼 1 条,生姜、葱、食盐各适量。

制作:①鲜鲫鱼去鳞、鳃,剖去内脏,洗净。②将砂仁放入鱼腹中,投入锅内(沙锅最好),加水适量,用文火烧沸。③锅内汤烧沸后,放入生姜、葱、食盐,即可食用。

特点:醒脾开胃,利湿止呕。适用于恶心呕吐、不思饮食或病后食欲减退者。

雪里红烧豆腐

原料:水豆腐 300 克,雪里红适量,豆油 30 克,酱油 100 毫升,白糖 5 克,味精 2 克,鲜汤 250 毫升,淀粉 20 克,葱花、香油各少许。

制作:①豆腐切成小长方条,摆在盘中。②雪里红洗净,用热水烫一下,切成碎末。③将切好的豆腐上屉蒸 5～10 分钟取出,去净水分。④炒勺加底油,油热时投入葱花炝锅,然后把雪里红炒片刻,添

鲜汤，加酱油、白糖，再把豆腐从盘中轻轻推入勺中，待汤沸后，用慢火再煨烧一会儿，加味精调好口味，用淀粉勾汁，点香油即可食用。⑤出勺时要轻轻装，以保持豆腐条形状整齐。

特点：软滑鲜嫩，清淡爽口，滋味甚美。

豆腐皮粥

原料：豆腐皮 2 张，粳米 10 克，冰糖 150 克，清水 1 000 毫升。

制作：①豆腐皮用水洗净，切成小丁块。②粳米淘洗干净，下锅，加清水，上火烧沸，加入豆腐皮、冰糖，慢火煮成粥。

特点：适宜肺热咳嗽、妊娠热嗽患者食用。

三、第三个月胎教

1. 胎儿特征

到这时期终止时，胚胎可正式称为“胎儿”了。胎儿的身长为 7.5～9 厘米，体重约为 20 克。尾巴完全消失，眼、鼻、口、耳等器官形状清晰可辨，手、足、指头也一目了然，几乎与常人完全一样。内脏更加发达，肾脏、外阴部已经长成，开始制造尿道及进行排泄作用，而胎儿周围会充满羊水。

2. 母体变化

这个月是孕吐最严重的时期，除恶心外，胃部情况也不佳，同时胸部会有闷热等症状出现。腹部仍然不算太大，但由于子宫已如拳头般大小，会直接压迫膀胱，造成尿频现象，而腰部也会感到疼痛，

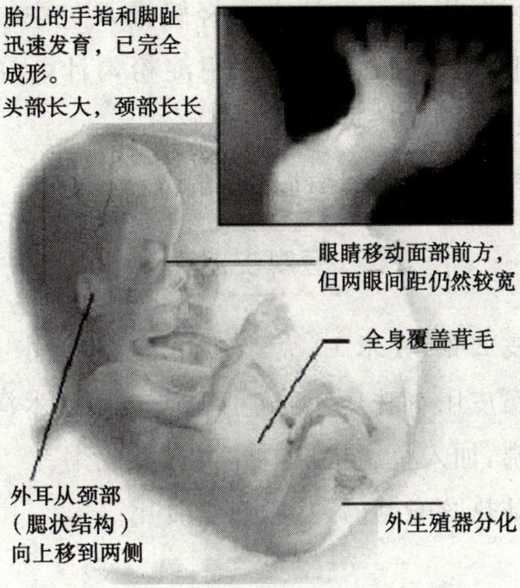
胎儿的手指和脚趾迅速发育，已完全成形。
头部长大，颈部长长
眼睛移动面部前方，但两眼间距仍然较宽
全身覆盖茸毛
外耳从颈部（腮状结构）向上移到两侧
外生殖器分化

9～12周胎儿

腿、足水肿，此外分泌物增加，容易便秘、下痢等。乳房更加胀大，乳晕与乳头颜色更暗。

3. 胎教事项

(1)让关心你的人都知道你怀孕了：到怀孕第三个月，身体已渐渐能适应这种变化，心理也慢慢接受这个事实。这时，胎儿也在妈妈日臻成熟的身心中一天天长大。从受精卵到现在，胎儿的人类特征越来越明显，脑、胃、肠、肺、肝、肾脏等重要器官已经开始活动，因此现在的胎儿已能算是一个“人”。

除了丈夫和家人的支持与照顾外，如果妈妈身为职业妇女，此时也必须让同事知道你已经怀孕，以便在工作中取得周围人们的谅解。此时，虽然已经停止孕吐，可是连接胎儿和母体的胎盘仍旧不稳定，孕妇不要因为已经适应目前的身体状况而过度操劳。寒冷是孕妇的

大敌。在办公室，如果办公桌的位置刚好在冷气的送风口，最好和同事商量，暂时调换位置。

(2)了解不幸流产的原因：现代医学虽然有了惊人的进步，在流产这样的不幸事件中，多半能挽救孕妇或胎儿使之脱离险境，可是仍然有一些无法挽救的悲剧。如果问题的原因出在胎儿身上，孕妇也不要想勉强地将宝宝生出来，这样即使生出来，也很可能是个缺陷儿。

如果妇女有习惯性流产或有流产史，必须到医院检查确定原因，将来才能安心地再次怀孕。当医生宣布腹中的胎儿不能保留，准妈妈也不要过度伤心，应该尽快了解流产原因，为下次怀孕做最好的身心准备。

(3)保持平静愉快的心情：要养育小生命，除了充足的营养之外，妈妈的爱心对胎儿来说也是一种重要的“养分”，准妈妈的精神状态或多或少都会对胎儿造成影响。当准妈妈情绪激动时，胃液的分泌会减少、胃肠功能减低，因此会影响食欲。因为胃和肠不能充分工作，吃下去的食物就不能完全消化，腹中的胎儿就不能获得足够的养分，将会产生成长的障碍。

由于准妈妈的紧张和压力会由激素传达给胎儿，准妈妈除了给予胎儿足够的营养之外，也要注意情绪对胎儿造成的影响。准妈妈要时时拥有一颗平静愉快的心，过着充实舒畅的生活，就是最好的胎教。

4. 胎教食谱

咖喱牛肉土豆丝

原料：牛肉 500 克，土豆 150 克，咖喱粉 5 克，食油 10 克，酱油 15

毫升，食盐5克，葱、姜各1克，团粉、料酒各适量。

制作：①将牛肉自横断面切成丝，将团粉、酱油、料酒调汁浸泡牛肉丝。土豆洗净去皮，切成丝。②将油热好，先干炒葱、姜，再将牛肉丝下锅干炒后，将土豆丝放入，再加入酱油、食盐及咖喱粉，用旺火炒几下即成。

特点：富含铁、维生素 B_2、烟酸等，适合准妈妈食用。

烤仔鸡

原料：仔公鸡2只（2 000克左右），猪肉150克（肥瘦比例为3：7），生菜叶数片，葱、姜、食盐、料酒、桂皮、八角、花椒、酱油、香油、花生油、白糖、普通汤、味精各适量。

制作：①鸡由腋下开膛取出肠杂，剁去足爪，斩下头脖，洗净，翅扭向背别上。猪肉切成丝。生菜叶消毒洗净。葱、姜切成片。②水烧沸，用钩钩住鸡的脖根骨，在沸水内涮几下，取出擦去水分，趁热用料酒加食盐在鸡身上抹遍，挂于通风之处，晒干皮面。③在晾鸡的同时烧热锅。放入花生油50克，油热时下入肉丝、姜、葱干炒，待肉丝断生时，加酱油、料酒、食盐、桂皮、八角、花椒、白糖、味精、汤（以能灌2只鸡腹的一半为度），烧沸后倒入容器内晾凉。④用一节高粱秆堵住鸡的肛门，由腋下开膛处灌入炒好的肉丝和汤汁，挂于烤炉内烤熟，刷上香油。⑤烧菜时，在鸡的两大腿间划一刀，将汁和肉丝倾入碗内，剔下腿（连骨）、脯（去骨），剁成块，摆入盘内。围上生菜叶，浇上汁（肉丝不用）即可。

特点：色泽红亮，质地嫩香。

四、第四个月胎教

1. 胎儿特征

在怀孕 15 周后期，胎儿的身长约为 16 厘米，体重约为 120 克。此时完全具备人的外形，由阴部的差异可辨认男女，皮肤开始长出胎毛，骨骼和肌肉日渐发达，手、足能做些微的活动，内脏大致已完成，心脏搏动活跃，可用超声波、听诊器测出心音。

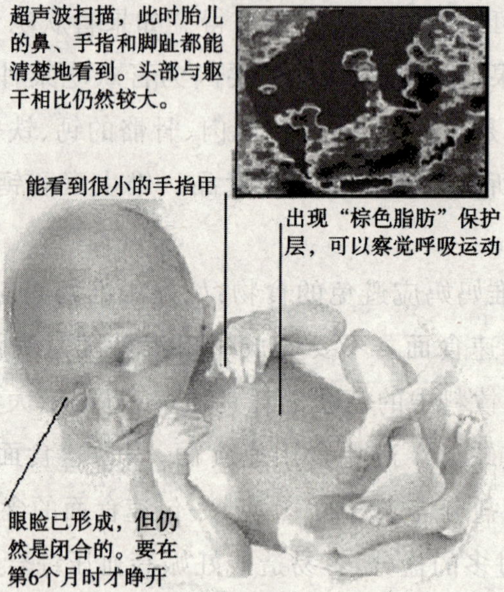
超声波扫描，此时胎儿的鼻、手指和脚趾都能清楚地看到。头部与躯干相比仍然较大。
能看到很小的手指甲
出现“棕色脂肪”保护层，可以察觉呼吸运动
眼睑已形成，但仍然是闭合的。要在第6个月时才睁开

13～16 周胎儿

2. 母体变化

痛苦的孕吐已结束，准妈妈的心情会比较舒畅，食欲也于此时开始增加。尿频与便秘现象渐渐恢复正常，但分泌物仍然不减。这个

阶段结束时,胎盘已形成,流产的可能性已减少许多,可以算进入安定期了。而子宫如小孩头部般大小,已能由外表略看出“大肚子”的情形。基础体温下降,并会持续到分娩时。

3. 胎教事项

(1)孕吐停止后要注意均衡营养:这个阶段开始,进食不仅为了胎儿,同时也是为了母体本身。饮食必须“重质不重量”,如果吃得很多,可是营养不均衡,吃进去的食物就不容易被消化吸收。

所谓的“均衡营养”包括蛋白质、糖类、脂肪、无机盐、维生素等营养素,这些营养可以从各种食物中获得。如果喜欢吃鱼和肉,也要充分食用蔬菜、水果、海藻等食物,不要因为喜欢吃某种食物而养成偏食的习惯。特别是形成胎儿血液、肌肉、骨骼的钙、铁等元素,由于需求量日益增加,所以要多食用这类食品。维生素和钙质均有助于骨骼的形成。

(2)妊娠中准妈妈应避免的食物:妊娠中准妈妈应避免喝清凉的饮料、罐装果汁、速食面。不要养成一口渴就随意喝清凉的饮料、罐装果汁的习惯。饮料中的糖会消耗钙质,一旦喝下大量的罐装饮料,也会使体内钙质缺乏。避免食用速食面,因为速食面中含有大量盐分。大人一天的盐分需求量约10克,一包速食面的含盐量即高达4～5克;如果摄取过多的盐分,容易造成妊娠高血压综合征,必须特别注意。假如一定要吃速食面,最好不要喝汤。煮菜时调味要淡,不仅在妊娠中如此,平常也应该注意。如果准妈妈饮食味道偏重,孩子将来口味偏向也会和妈妈一样。食盐摄取过多,容易引起高血压、脑中风等成人病。

(3)准爸爸应体贴妊娠中的妻子:夫妻吵架时,如果用超声波来

观看胎儿，可发现胎儿会有一些异常行为，因为准妈妈愤怒悲哀的情绪会传达给体内的胎儿。妊娠4个月时，胎儿大脑中枢内控制本能、欲望、心理状态的间脑或旧皮质部分已经形成。当准妈妈情绪不稳定时，间脑的激素就会变化，这时会通过妈妈的血液，经由胎盘流入胎儿血液中，再进入胎儿间脑。间脑一受刺激，就会让胎儿的行动产生变化。这种刺激的反应，对出生后的孩子影响甚远。通过研究发现，一般说来，脾气较暴躁的孩子，其在妈妈体内孕育时的家庭环境，特别是父母之间关系往往不很和谐。

在妻子妊娠中，丈夫多给予关爱和协助等于间接帮助胎儿的成长，如此也能增进夫妻之间的感情。每位丈夫对妻子的体贴方式各不相同；有人代替妻子外出购物，有人代为整理、打扫环境，也有人在每个周末夜晚，带妻子到外面享受烛光晚餐。选择适合自己的方式，使妻子保持愉悦心情，等于直接参与胎儿的养育工作。

(4)胎教的最佳时期：此时，胎儿对来自外界的声音、光线、触动等单一刺激反应更为敏感。若我们借助胎儿神经系统飞速发展的阶段，给予胎儿各感觉器官适时、适量的良性刺激，就能促使其发育得更好，为出生后早期教育的延续奠定良好的基础。

开始听觉训练：此阶段胎儿的听神经与听觉系统迅速发展，夫妇双方或准妈妈可以很好地利用这一段时间，有意识地对胎儿进行相应的听觉训练。例如，可以给胎儿播放优美抒情的乐曲，把胎儿作为一个听众，与他聊天、讲故事、朗诵诗歌，尤其未来的爸爸可以与准妈妈体内的胎儿进行有意义的对话等。这些方法都可以刺激胎儿的听觉发育，而且对孩子未来的听力很有帮助。为胎儿选择胎教音乐时，应避免高频率音乐对胎儿听力的影响。

开始触觉与动作协调训练：此阶段神经系统发育迅速，胎儿对触

觉与力量付出很敏感。夫妇双方可对胎儿进行动觉、触觉训练。例如，轻轻拍打和抚摸腹部，与胎儿在宫内的活动相呼应、相配合，使胎儿对此有所感觉；按时触摸或轻轻按摩准妈妈腹部，可以实现与胎儿的沟通，通过胎儿反射性的躯体蠕动，促进其大脑功能的协调发育，尤其有助于孩子未来的动作灵活性与协调性。

4. 胎教食谱

为了配合胎儿骨骼发育和胎教的需要，准妈妈应当多吃鸡蛋、胡萝卜、菠菜、海带、牛奶等营养品。一日三餐可参考下列搭配：

早餐：米饭 1 碗，豆腐与海带汤 1 碗，鸡蛋 1 个。

上午 10 时：橘子 1 个(含大量的维生素 C)。

午餐：凉面 1 盘，番茄鸡蛋酱。

下午 3 时：牛奶 1 瓶，饼干几片。

晚餐：米饭 2 碗，海带丝拌菠菜、酱菜，胡萝卜豆腐汤 1 碗。

核桃仁炒韭菜

原料：核桃仁 50 克，韭菜 250 克，鲜虾 150 克，植物油 150 克，食盐 3 克。

制作：①将韭菜洗净，切成 3 厘米长的节；鲜虾剥去壳，洗净；葱切成段；姜切成片。②将锅烧热，放入植物油烧沸后，先将葱下锅煸香，再放虾和韭菜，烹黄酒，连续翻炒，至虾熟透，起锅装盘即可。

特点：清香味美，补血养血。

牡 蛎 粥

原料：鲜牡蛎肉 100 克，糯米 100 克，大蒜末 50 克，猪五花肉 50

克，料酒 10 毫升，葱头末 25 克，胡椒粉 1.5 克，食盐 10 克，熟猪油 2.5 克，清水 1 500 毫升。

制作：①糯米淘洗干净备用，鲜牡蛎肉清洗干净，猪五花肉切成细丝。②糯米下锅，加清水烧沸，待米稍煮至开花时，加入猪肉、牡蛎肉、料酒、食盐、熟猪油，一同煮成粥，然后加入大蒜末、葱头末、胡椒粉调匀，即可食用。

特点：牡蛎肉味极鲜，是优良的营养食品，以牡蛎入粥食用，是南方沿海民间风行的小吃饮食。牡蛎气味咸平、微寒，可供药用。牡蛎粥对维生素 D 缺乏病有疗效。

菠菜煎豆腐

原料：菠菜 500 克，豆腐 3 块，植物油、酱油、白糖、味精、食盐各适量。

制作：锅烧热加植物油，豆腐切片，放入油锅两面煎黄，加上配料，烧1～2 分钟，再加焯过的菠菜即可。

特点：色味鲜美，含大量维生素。

五、第五个月胎教

1. 胎儿特征

胎儿的身长约为 25 厘米，体重在 250～300 克之间。头的大小约为身长的 1/3，鼻和口的外形会逐渐明显，而且开始长头发与指甲。全身被胎毛覆盖，皮下脂肪也开始形成，皮肤呈不透明的红色。心脏的搏动增强。骨骼、肌肉进一步发育，手、足运动更活泼，母体开始感觉胎动。此期为性别分化的临界期。

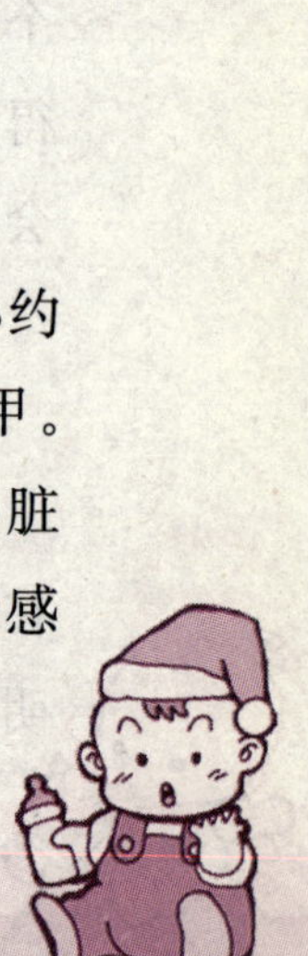

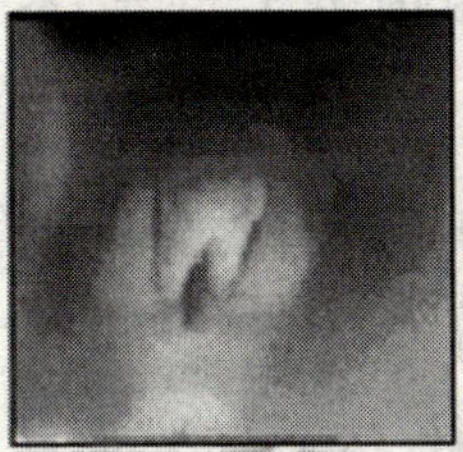

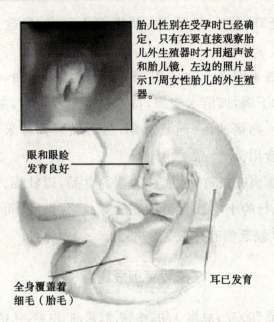

胎儿性别在受孕时已经确定，只有在要直接观察胎儿外生殖器时才用超声波和胎儿镜，左边的照片显示17周女性胎儿的外生殖器。

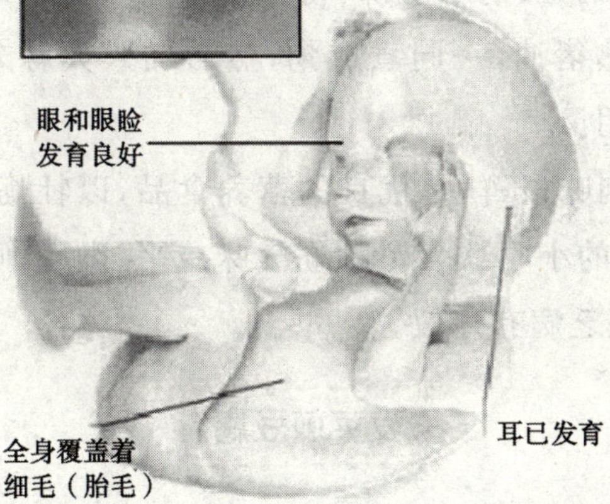

17～20 周胎儿

2. 母体变化

孕妇子宫如成人头般大小，子宫底的高度位于耻骨上方 15～18 厘米处。肚子已大到使人一看便知道是一个标准的孕妇了。而且乳房与臀围变大，皮下脂肪增厚，体重增加，全身出现水肿现象。若前 1 个月还有轻微的孕吐情形，此时则会完全消失，食欲较好，身心都变得安稳。此时微微可以感觉胎动，刚开始也许不太明显，但肠管蠕动会发出声音及出现肚子不舒服等现象。

3. 胎教事项

(1)胎动不停地传递着胎儿的情况：妊娠第五个月时，胎儿已经在为出生做准备，用超声波观察这个时期胎儿的行为，即可获得证明。最常见的是吸吮手指的动作。在妈妈腹中，胎儿吸吮手指的程

度，待胎儿出生后，检查手指就可以知道，有些胎儿甚至会吸得手指长茧，这也许可以引起我们产生以下的联想：胎儿也知道将来不是从肚脐吸收养分，而是由嘴巴摄取食物。婴儿一出生就会吸奶，是因为在妈妈体内已经做过充分练习。

这个阶段，家人可以将手放在孕妇的肚子上，一起感觉来自胎儿的信息。这时丈夫可以感受到做爸爸的骄傲，孩子可以感觉即将做儿女的喜悦。家人可以在等待胎儿降临的愉悦中，做好欢迎新成员的心理准备。

可是，并非所有的胎动都是胎儿健康发育的象征。最明显的例子是当准妈妈吸烟或做粗重工作时，会对肚子施以重压，特别是吸烟时，使用超声波检查可以清楚看到胎儿痛苦的模样，或是缩成一团，或是扭转身体做抵抗的姿势。

(2)准妈妈要注意自己的体重：妊娠期间，准妈妈体重平均会增加10～12千克，其中胎盘、羊水、胎儿的重量大约6千克，其余6千克是妈妈腰、腹组织的增加，乳房的变大，以及血液的增多。

但是，摄取过多营养，造成过度肥胖的准妈妈，会随着产期的临近，对胎儿的发育渐渐产生障碍。因此从现在起，要特别注意体重的增加情况。过度肥胖的准妈妈带给胎儿的不良影响包括：糖尿病、妊娠高血压综合征。

准妈妈的理想体重应该是每月增加指数不要超过500克。妊娠初期由于孕吐，体重没有增加或反而减少的女性，即使每个月体重增加1千克也没有关系。

体重增加是怀孕期间健康的重要指标；为了让妈妈和胎儿都能以最好的条件度过妊娠期，平常体重就已超重的妇女，最好在减轻体重后再怀孕较理想。

(3)性生活要注意两人协调:妇女在妊娠期会将注意力转移至胎儿身上,而忽略了丈夫。特别是第一次怀胎,总会有许多不必要的担心,担心性生活对胎儿的影响、担心孕吐、担心流产,不知不觉中就会使丈夫感觉自己被冷落了。

一般妊娠中的妇女性欲都会降低,可是丈夫却不会因为妻子怀孕了,本身性欲也降低,夫妻可通过商量的方式相互体谅。为了确保两人的爱情结晶,性生活的确有特别注意的必要。

(4)与胎儿进行踢肚游戏:胎儿踢肚子时,准妈妈轻轻拍打被踢部位几下。一两分钟后,胎儿会在拍打部位再踢。改变部位,准妈妈在轻轻拍打腹部几下。改变的部位离上一次被踢部位不要太远。一两分钟后,胎儿会在改变后的部位再次踢。每天进行2次,每次数分钟。

这种游戏有助于出生后孩子站、走的发展。使孩子身体灵敏、健壮。婴儿在出生时大多数拳头松弛,啼哭不多。

4. 胎教食谱

怀孕5个月的准妈妈,每天膳食中必须保证钙1.5毫克,维生素A 3 300国际单位,胡萝卜素6毫克,维生素C 100毫克。

小烧什锦

原料:猪舌250克,猪肝500克,水发玉兰片150克,化猪油50克,酱油50毫升,菜子油250克(耗75克),菌子50克,汤1 500毫升,猪心250克,猪瘦肉150克,鲜菜300克,食盐7.5克,味精1.5克,水豆粉125克,葱、姜各30克。

制作:①将猪肝、舌、心出水,然后分别刮洗干净,煮熟,均切成长约5厘米、宽1.5厘米、厚1.2厘米的条。玉兰片及鲜菜(菜头、萝卜

均可）切成条。猪瘦肉剁细，放入碗内，加少许食盐、水豆粉拌匀，再在八成熟油锅内炸成肉丸子。菌子用水发涨，淘洗干净，切成片，用清水漂起待用。②炒锅置旺火上，放入猪油烧至五成熟时，先下葱、姜，然后依次下食盐、酱油、肉丸子，掺汤烧沸，再连汤倒入锅内，用小火慢烧煮。③猪肝、舌等约烧煮 2 小时，加入菌子、玉兰片，再烧煮约 30 分钟，而后加入蔬菜同烧煮，直烧至肚烂、菜熟时，随即下水豆粉勾芡，下味精起锅。

特点：色泽金黄，味浓可口。

炒素蟹粉

原料：水发冬菇 15 克（冬菇可用黑木耳代替），熟红萝卜 12.5 克，熟鲜笋 12.5 克，熟土豆 250 克，生油 150 克，白糖、食盐、米醋、姜末、味精、时令绿叶菜各少许。

制作：①把熟的土豆、红萝卜去皮揿成泥，鲜笋斩细；绿叶菜和水发冬菇切成丝。②炒锅放生油熬熟，投入土豆、红萝卜泥煸炒，炒到起酥，再放绿叶菜和冬菇、笋同炒，并随加白糖、食盐、味精、姜末稍炒，最后淋米醋，随即起锅装盘。

特点：含有大量维生素。

六、第六个月胎教

1. 胎儿特征

胎儿身长约 30 厘米，体重为 600～750 克。骨骼更结实，头发更长，眉毛及睫毛开始长出，脸形也更清晰，已十足是人的模样，但仍然

很瘦，全身都是皱纹。皮脂腺开始具有分泌功能，并长出白色脂肪般的胎脂，覆盖在皮肤表面。而胃肠会吸收羊水，肾脏排泄尿液，已经完成出生的准备。此时已可利用听诊器听出胎儿的声音。

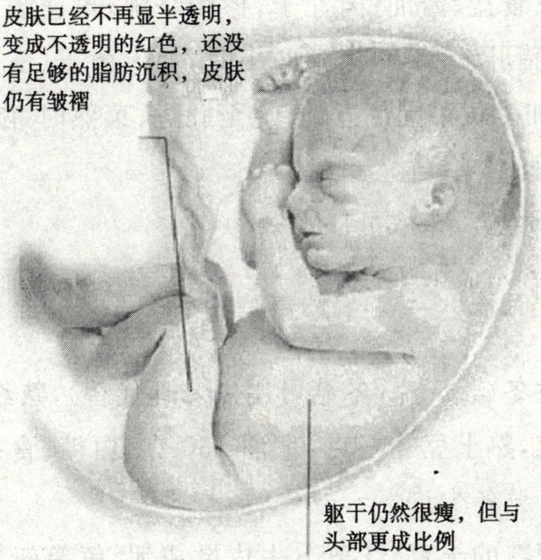
皮肤已经不再显半透明，
变成不透明的红色，还没
有足够的脂肪沉积，皮肤
仍有皱褶
躯干仍然很瘦，但与
头部更成比例

21～24 周胎儿

2. 母体变化

孕妇子宫更大，子宫底的高度为 18～20 厘米。肚子会越来越胀大、凸出，体重也日益增大，腰部变得更沉重，平时的动作也较为吃力、迟缓。乳房的发育更为旺盛，不但外形饱满，而且用力挤压时会有带黄色的稀薄乳汁“初乳”流出，分泌物仍然大量增加。此期，几乎所有的准妈妈都能清晰地感觉到胎动的现象。

3. 胎教事项

(1)适量的运动有助于胎儿的健康：此期，胎儿状态较为安定，所以准妈妈可进行简单的运动，使未来的分娩过程更为顺利。适度的

运动对胎儿非常重要。游泳可以避免准妈妈在妊娠期间过度肥胖，并帮助顺利分娩。可是准妈妈在游泳时要特别注意。首先要学会全身放松、漂浮在水面的方法。因为分娩要重复全身紧张和放松的运动。如果能学会全身放松，对分娩过程很有帮助。在水中憋气或练习用力、练习盘腿，使平常很少用到的肌肉变柔软，这些对准妈妈都很有帮助，适量的游泳可以消除水肿，以及全身倦懒的感觉。但是，并非每个孕妇都能游泳或能在任何地方游泳，下水之前，必须先量血压和脉搏，以及做各种检查。合格者在水温 29℃～31℃，并有专门教练的条件下才能下水游泳。如果水温在 28℃以下，会使子宫紧张，可能导致早产或流产。游泳时，要选择子宫不易紧张的时间(上午 10 时至下午 2 时)，如果水温太高，会有疲倦感。

此外，妊娠中如果每天都散步，做孕妇体操或做适度运动的妇女，就不需要特别去游泳。

(2)孕妇做体操有利于安产：妊娠中往往会因为太过于保护身体，以至于产生运动不足的现象。通常锻炼分娩时必要的脚、腰，以及腹部的肌肉，能使分娩顺利地进行，妊娠体操可以说是为了训练肌肉而发明的体操。

(3)运动能让胎儿的脑活性化：妊娠中的运动，不仅对安产有帮助，也能有效地转变准妈妈的心情。运动能充分地摄取氧气。通常，胎儿是通过脐带来摄取氧气或营养，如果妈妈能充分地摄取氧气，胎儿的脑即会因为充足的氧气而变得活性化。运动能生出头脑好的孩子，这并不是夸张的说法。

充分摄取氧气是运动的目的之一，一旦运动过于剧烈，造成摄取氧气不足，即会造成反效果。这样，会抑制胎儿脑的发达。为了避免发生这种情形，运动到只要稍微流汗的程度即可。

(4)准妈妈要注意旅途中的温差:羊水的温度经常都是维持一定的常温,正因为羊水的温度恒定,才能保护胎儿。羊水因为隔着一层厚肚皮,所以能避免受到外界温度变化的影响,但是受到剧烈的温度变化,即会遭受强烈的刺激,此时胎儿本身或羊水温度会下降。急剧的温度变化,会使妈妈的子宫产生收缩,尤其是温度差在5℃以上。而且从温暖的地方前往寒冷的地方,一定会引起子宫收缩,子宫收缩是导致流产、早产的原因。

旅途中,车内或旅馆等场所多半有冷气设备。此时,携带浴巾是很重要的。在车中,把浴巾盖在脚上便能遮住冷气的风,挂在窗子上也能代替窗帘。此外,可以借助穿长袜子或羊毛衫来调节体温。

4. 胎教食谱

怀孕期间,准妈妈及胎儿都需要一定数量的维生素。只有食入养分均衡的饮食,才能保证维生素的含量。铁的摄取是一定不可缺少的,因为铁是一种重要的无机盐,它的作用是生产血红蛋白(红细胞的组成部分),而血红蛋白把氧运送给细胞。人体需摄取少量的铁,贮存在组织中,胎儿就从这种“仓库”中吸取铁,以满足自己的需要。所以,准妈妈在妊娠期间必须多吃一些含铁的食物,如牛奶、肉、大叶青菜、水果等。

下面介绍几种富含维生素的食谱:

橘味海带丝

原料:干海带150克,白菜150克,橘皮、白糖、味精、醋、酱油、香油、香菜段各适量。

制作:①干海带放锅内蒸25分钟左右,捞出,放热水中浸泡30分

钟，捞出备用。②把海带、白菜切成细丝，码放在盘内，加酱油、白糖、味精和香油，撒入香菜段。③把干橘皮用水泡软，捞出，剁成细碎末，放入碗内，加醋搅拌，把橘皮液倒入盘内拌匀，即可食用。

鱼香肝片

原料：猪肝250克，泡辣椒20克，葱25克，蒜15克，酱油15毫升，姜10克，食盐2克，菜油150克，醋10毫升，绍酒10毫升，水豆粉30克，汤25毫升，白糖10克，味精1克。

制作：①将猪肝切成长约4厘米、宽约3厘米、厚约0.3厘米的片，加食盐及水豆粉(20克)码匀。姜、蒜去皮，切成米粒。葱切成葱花。泡辣椒剁成碎末。②用1碗水豆粉(10克)、绍酒、酱油、醋、白糖、食盐、味精及汤对成汁。③炒锅置旺火上，下菜油烧至七成热时，放入猪肝炒散后再入泡辣椒、姜、蒜末。待猪肝炒伸展时，下葱花，烹调味汁，最后颠转起锅入盘。

特点：颜色金红，肝片细嫩，姜、葱、蒜味醇厚，最宜佐餐。

金果银耳

原料：银耳10克，金果(梨、苹果、香蕉、橘子均可)200克，桂花少许，白糖、湿淀粉各适量。

制作：①银耳用温水发1小时，洗干净后，放入碗内，加水300毫升，上屉用中火蒸2小时。②蒸好后，把原汁滤入锅内，加入白糖和适量清水，用小火略煮，使之溶解，撇去浮沫。③鲜果切成指甲大小的块，放入锅内煮沸，用湿淀粉调稀勾芡，倒入碗内。④吃时，碗上铺一层银耳，撒上桂花。

七、第七个月胎教

1. 胎儿特征

胎儿身长为36～40厘米，体重为1 000～1 200克。上下眼睑已形成，鼻孔开通，容貌可辨，但皮下脂肪尚未充足，皮肤呈暗红色且皱纹多。脸部形同老人一般。胸部开始发达，并可自行控制身体的动作。男胎的睾丸还未降至阴囊内；女胎的大阴唇也尚未发育成熟。胎儿对体外生活的适应能力还没完全具备，若在此时出生，往往因为早产而发育不良或死亡。

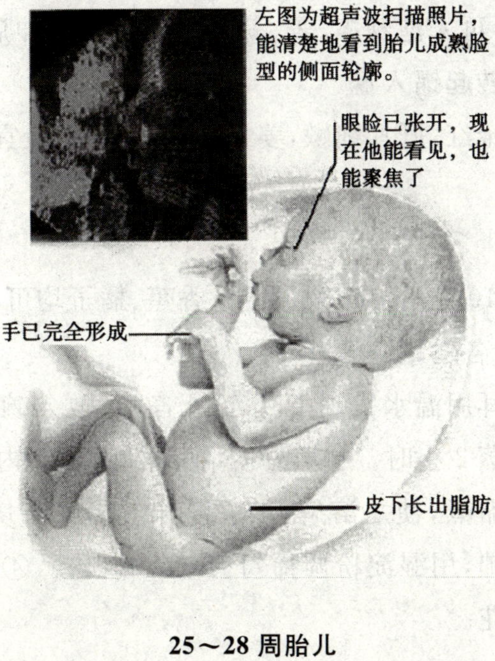
左图为超声波扫描照片，能清楚地看到胎儿成熟脸型的侧面轮廓。
眼睑已张开，现在他能看见，也能聚焦了
手已完全形成
皮下长出脂肪

25～28周胎儿

2. 母体变化

孕妇子宫底高23～26厘米，上腹部也已明显凸出、胀大。腹部向前突出成弓形，并且常会有腰酸背痛的感觉。子宫的肌肉对各种刺激开始敏感、胎动亦渐趋频繁，偶尔会有收缩现象，乳房更加发达。

3. 胎教事项

(1)准妈妈睡眠好可以帮助胎儿成长：在睡眠中，垂体会继续制造成长激素，这种激素是胎儿成长时不可或缺的。睡眠不但可以消除准妈妈身心的倦怠感，又能积存第二天活动的精力，这些都是因为垂体激素的作用。妊娠中的准妈妈必须有比平常更充裕的睡眠，就是为了使垂体可以分泌更多的生长激素。古人说“善睡的孩子长得大”，在妊娠中，善睡的准妈妈也可帮助腹内胎儿快速成长。

(2)准妈妈腹式呼吸法可供给胎儿足够的氧气：据说使用腹部呼吸法会分泌微量的激素，使得心情愉快，准妈妈的这种愉快心情也会影响胎儿，使胎儿的心脏感觉非常舒服。

腹式呼吸法的正确姿势为背部挺直紧贴在椅背上，膝盖立起，全身放松，双手轻放在腹部，想象胎儿目前正居住在一个宽大的空间；然后用鼻子吸气，直到腹部鼓起为止。呼气时稍微将嘴撅起，慢慢地、用力地将体内空气全部呼出，呼气时要比吸气更为缓慢且用力；腹式呼吸法每天做3次以上，要持之以恒。早上起床前、中午休息时间、晚上睡觉前各做1次，尽量放松全身。轻轻告诉宝宝：“妈妈现在就把新鲜空气传送给你！”以这种平静的心情练习，可达事半功倍的效果。确实学会腹式呼吸法后，对于分娩或阵痛的放松很有帮助。

4. 胎教食谱

鱼吐司

原料：面包、净鱼肉各150克，鸡蛋1个，猪油150克，料酒、淀粉、食盐、味精、葱、姜各少许。

制作：①面包去边皮，切成4块厚4～5毫米的片；鱼肉斩成泥，加蛋清、葱、姜、料酒、食盐、味精一起拌匀。②将调好的鱼泥分4份抹在切好的面包上，用刀抹平。③锅内放入猪油烧至五成熟时，放入鱼泥炸，炸至呈黄色后出锅。④每块切成8小块，盘边上加甜酱(甜酱加少许水、糖，用筷拌匀，上笼蒸5分钟，加香油)。

特点：软嫩清香，味美可口，能增加孕期妇女的食欲。

红烧兔肉

原料：兔肉(带骨)1 000克，葱20克，姜15克，白糖5克，绍酒10毫升，青蒜5克，桂皮0.5克，胡椒粉0.5克，大茴香0.5克，酱油、食盐、味精各适量，花生油100克。

制作：①将兔肉洗净，泡去血水，剁成3厘米见方的块，放入清水锅中煮沸后捞起，再冲洗1次；葱切块，姜拍松，青蒜切成末。②中火烧锅，放油烧热，下兔肉块炒干水分，放入绍酒、酱油、食盐、葱、姜、白糖、桂皮、大茴香和水(浸平肉块)一起烧沸，撇去浮沫，盖上锅盖，改用小火烧至兔肉熟烂时，再用旺火烧浓汁汤，拣去葱、姜、大茴香、桂皮等，放入味精、青蒜末，撒上胡椒粉起锅即可。

特点：色泽红润，兔肉熟烂，鲜香味浓，富含营养素，肥而不腻，瘦而不硬。

春笋烧兔

原料：鲜兔肉 500 克，葱段 20 克，姜 20 克，净春笋 500 克，酱油 20 毫升，豆瓣 50 克，豆粉 50 克，肉汤 1 000 毫升，味精 1 克，食盐 2 克，花生油 60 克。

制作：①将兔肉洗净，切成 3 厘米见方的块；春笋切成刀块。②旺火烧锅，放花生油烧至六成熟，下兔肉块炒干水分，再下豆瓣同炒，至油呈红色时下酱油、食盐、葱、姜、肉汤一起焖，约 30 分钟后加入春笋。待兔肉焖至软烂时放味精、豆粉，收浓汁起锅即可。

特点：色红油亮，肉酥味鲜。

八、第八个月胎教

1. 胎儿特征

胎儿身长为 41～44 厘米，体重为 1 600～1 800 克。胎儿身体发育已算完成，肌肉发达，皮肤红润；但脸部仍然布满皱纹，神经系统开始发达，对体外强烈的声音会有所反应。胎儿的动作会更活泼、力量更大，甚至有时会用力踢母亲的腹部。此时胎儿的头部应朝下，才算是正常的胎位。大致上，胎儿已具备生活于子宫外的能力，但准妈妈仍须特别小心。

2. 母体变化

孕妇下腹部更显凸出。子宫底高 27～29 厘米。内脏全部往上推挤，心、肺受到压迫，有时会感到呼吸困难，胃部也会受到挤压，因而易食欲减退。腰部及其他各部位会感到酸痛，下肢水肿、静脉曲张。

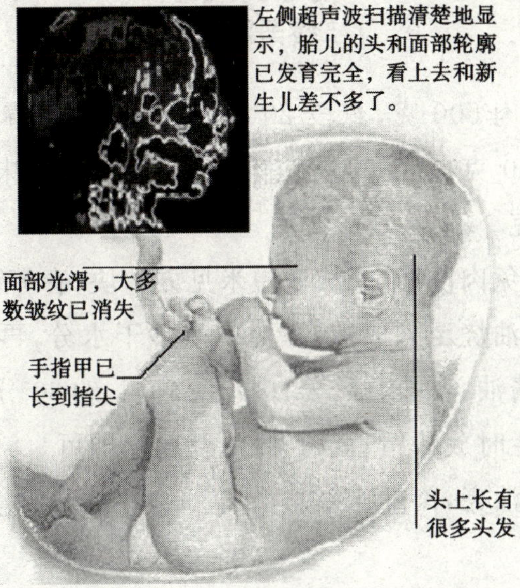
左侧超声波扫描清楚地显示，胎儿的头和面部轮廓已发育完全，看上去和新生儿差不多了。
面部光滑，大多数皱纹已消失
手指甲已长到指尖
头上长有很多头发

29～32 周胎儿

此外，还会出现其他各种症状，腹部皮肤紧绷，皮下组织出现断裂现象，紫红色的妊娠纹处处可见。下腹部、乳头四周及外阴部等处的皮肤因黑色素沉淀而呈现乌黑状，妊娠性褐斑也会非常明显。此时可算是第二度孕吐出现的痛苦时期。心理方面则会再度陷于神经过敏的状态，往往难以成眠。

3. 胎教事项

(1)让准妈妈聆听使身心舒适的音乐："胎教音乐会"每周举办一次，让准妈妈听电子琴的演奏，每次听 40 分钟，然后测量胎儿的胎动或心跳数有何种变化。有些曲子会引起明显的胎动。

音乐三要素为旋律、节奏、和音；胎儿虽然能听见声音，但这时只能听懂"节奏"，必须在出生 3 个月后，才能听懂"旋律"与"和音"。

当准妈妈听到自己喜欢的爵士音乐时，有些胎儿也会跟着活动；不论莫扎特或爵士乐，只要准妈妈喜欢，又能引起胎儿共鸣，就是一种良好的胎教。

(2)胎儿已具有五种基本感觉功能：这个阶段，不仅身体逐日长大，就连人类五种基本感觉也渐趋发育完善。

①首先是听觉。胎儿的听觉在妊娠第八个月已臻成熟。他可以通过腹壁听到各种声音，能分辨高低音，并且有反应。从超声波的画面上，可以看出当爸爸和妈妈在交谈时，胎儿的行动会有明显的变化，因此判断胎儿可以听见声音。

②其次为视力。肚子里的胎儿已经具有视觉，从肚子外面照射强光，胎儿会有想逃避的反应(因为视网膜神经尚未发育成熟，所以只能感觉光线的强弱)；这种强烈反应，显示胎儿已有视觉基础。

③味觉和嗅觉。至于味觉和嗅觉已经发展到什么程度，就不得而知了。可是第一次给新生儿喂奶时，他会自动地将嘴撅向该方向，由此可知道胎儿在妈妈腹中即已具有某种程度的嗅觉。至于味觉部分，如果将柠檬汁或白糖沾在婴儿舌上，婴儿会立刻产生反应(感觉味道的味蕾，在妊娠第三个月就已经完成)，从这点可以知道，胎儿此时的味蕾已经相当发达。

④最后是触觉。胎儿的皮肤感觉(触觉、压觉、冷觉、热觉、痛觉)究竟发达到何种程度呢？从妊娠第八个月时自然流产的胎儿(此时还不能称为婴儿)身上可以发现，在相当于上唇和鼻翼的部位，对外力已经有反应。这说明皮肤在相当早的时候就已经开始发挥功效。

(3)胎教训练的巩固时期：此阶段，胎儿各器官、系统发育逐渐成熟，对外界的各种刺激反应更为积极。例如，当用光源经准妈妈腹壁照射胎儿头部时，胎头可转向光照方向，并出现胎儿心率的改变，定

时、定量的光照刺激是这个时期的一个胎教内容。

坚持各种训练：怀孕晚期，准妈妈常常动作笨拙、行动不便。许多准妈妈因此而放弃孕晚期的胎教训练，这样不仅影响前期训练对胎儿的效果，而且影响准妈妈的身体与分娩准备。因此，准妈妈在孕晚期最好不要轻易放弃自己的运动，以及对胎儿的胎教训练。因为，适当的运动可以给胎儿躯体和前庭感觉系统自然的刺激，可以促进胎儿的运动平衡功能。为了巩固胎儿在孕早期、孕中期对各种刺激已形成的条件反射，孕晚期更应坚持各项胎教内容。

4. 胎教食谱

在妊娠的前 7 个月里，胎儿吸收了准妈妈体内的许多营养，准妈妈体内的各种营养素可以说都处在最低点。

下面介绍几种孕妇宜吃的食谱：

糖醋排骨

原料：排骨 250 克，油 750 克（实耗 75 克），酱油、料酒、白糖、食盐、醋、面粉、淀粉等各适量。

制作：①将排骨斩块，料酒、食盐、湿淀粉、面粉等拌匀待用，余料倒在碗中，加水 50 毫升调成汁待用。②油锅烧至六成熟，将排骨一块块放下炸 2 分钟，捞出，等油锅热至九成再炸 1 分钟，捞出。③锅内留少量油，将糖醋汁倒下，待汁浓后倒入排骨翻炒几下即成。

特点：排骨酥烂，糖醋口味。

荷包鲫鱼

原料：鲫鱼 350 克，精肉 200 克，植物油 100 克，葱、姜、酱油、料

酒、白糖、味精各少许。

制作：①鲫鱼从背脊开刀，挖去内脏，洗净，在身上划几刀。②将精肉切成细末，加食盐、味精拌匀，塞入鲫鱼背上刀口处。③片刻后将鱼下油锅，两面煎炸，放入料酒、酱油、白糖、汤水。④加盖烧煮20分钟，启盖后加味精，淋少量油起锅。

特点：鲫鱼味道鲜美，肉质细嫩，对妊娠期水肿有一定疗效。

莲子鸡头粥

原料：塘莲子50克，鸡头米50克，糯米100克，鲜莲叶1张，桂花卤10克，白糖150克，清水1 500毫升。

制作：①鲜莲叶洗净，用沸水烫过待用。②将糯米淘洗干净后放入锅内，加入空心塘莲子、鸡头米及清水，上火烧沸，转用小火煮成粥。粥好撤火，覆以鲜莲叶，盖上盖，5分钟后，拿掉莲叶，加入白糖、桂花卤即可食用。

特点：滋养之品，补益心脾，治疗妊娠肿胀。

麻雀粥

原料：麻雀4只，籼米100克，葱、姜末各10克，料酒10毫升，食盐10克，味精2.5克，胡椒粉15克，香油25克，清水1 500毫升。

制作：①麻雀去毛和内脏，洗净，放入碗中，加姜、料酒、食盐等，上笼蒸烂，除去骨、头、脚、翅等物。②籼米淘洗干净，下锅加清水烧沸，熬煮成粥，再加入麻雀肉及汤汁、味精、胡椒、香油等调料，稍煮片刻即可食用。

特点：性味甘温，富含蛋白质、脂肪、无机盐和维生素，对妊娠肿胀亦有疗效。

蜜汁甜藕

原料：藕750克，糯米150克，蜜莲子25克，蜂蜜50克，白糖200克，湿淀粉15克，蜜桂花5克。

制作：①将藕洗净，切去一端藕节；糯米用清水漂洗干净，浸泡2小时，捞起晾干。藕孔内灌入糯米，边灌边用筷子顺孔向内戳，使糯米填实孔。从中剖开，切成0.7厘米厚的块，整齐摆入碗中，加入白糖125克，再放入笼屉，置旺火上蒸10分钟。②入笼屉上火蒸30分钟，取出。再用清水浸泡2分钟，撕去藕皮晾干，切去一端藕节。③待糖溶化取出，扣入盘内，再将炒锅置火上，放清水50毫升，白糖75克及蜂蜜、蜜桂花、蜜莲子烧沸，用湿淀粉勾芡，起锅浇在藕块上即可。

特点：糯米含有蛋白质、脂肪、钙、糖类、磷、铁及维生素，且富含纤维等成分，能增进胃肠蠕动。藕含丰富的蛋白质、维生素、天门冬素等，营养价值很高。加工后，呈粉红透明，香甜似蜜。

九、第九个月胎教

1. 胎儿特征

此时期结束时，胎儿身长为47～48厘米，体重为2 400～2 700克。可见完整的皮下脂肪，身体圆滚滚相当可爱。脸、胸、腹及手、足的胎毛逐渐稀疏，皮肤呈有光泽的粉红色，皱纹消失，此时会出现婴儿般的脸部，而指甲也长至指尖处。男婴的睾丸下降至阴囊中，女婴的大阴唇开始发达，内脏功能完全具备，肺部功能完备，可适应子宫外的生活。

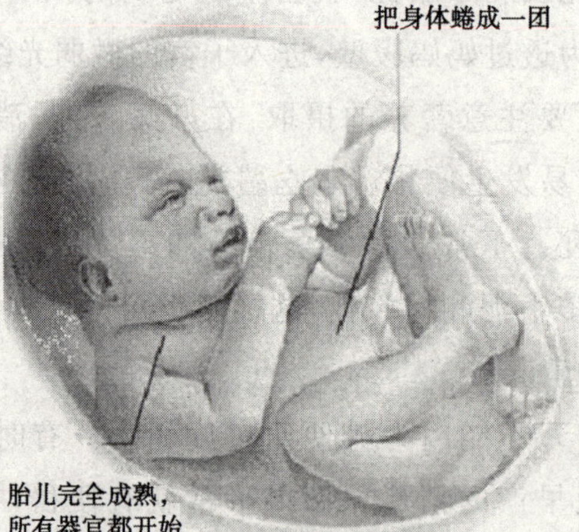
身体圆润，丰满，
到妊娠最后一周已
占满子宫，不得不
把身体蜷成一团
胎儿完全成熟，
所有器官都开始
工作，正等待出生

33～40 周胎儿

2. 母体变化

孕妇肚子越来越大，子宫底高 30～32 厘米。子宫胀大，导致胃、肺与心脏备受压迫，所以会感觉心口闷热，不想进食，心跳、气喘加剧，并且呼吸困难。有时腹部会发硬、紧张，此时应采取平躺的休息方法。分泌物依然增加，排尿次数也增多，而且尿后仍会有尿意。

3. 胎教事项

(1)用适当的光线刺激准妈妈腹部：到了妊娠第九个月，如果使用强光照射孕妇腹部，为了避免受到光线刺激，胎儿会将脸转到一旁或闭上眼睑。在妈妈腹内，胎儿的视神经和视网膜都尚未发育成熟，强光对胎儿而言的确太刺眼睛了，会成为一种非常不舒服的刺激。而弱光会使胎儿有眨眼的动作，并且会感兴趣地将头部转向光源的

位置。不太刺激的光线，可给予胎儿脑部适度的明暗周期，刺激脑部的发达。但并非光线刺激胎儿，就会生出聪明的孩子。对胎儿而言，他最喜欢的亮度为透过妈妈腹壁，进入子宫的微弱光线。

(2)准妈妈更要注意营养的摄取：在妊娠末期，消化器官功能缓慢，所以准妈妈容易发生便秘。多吃薯类、海藻类和含纤维质丰富的蔬菜类能防止便秘。平常饮食中总会不知不觉摄取过多的盐分，可在食物中加入胡萝卜泥和柠檬汁，这样不但可降低含盐量，又能促进消化，保持均衡的营养。

妊娠末期，千万不能因为排便而过度用力。有时这种情形会导致早期破水，发生早产的情形。如果平常就有便秘，在健康检查时，应该和医生沟通，请他开合适的通便药。

妊娠第九个月时，一天可以多分几餐进食，可是要特别注意，不要因饮食过度而导致肥胖。这时胎儿已经有足够的养分，即使妈妈不吃东西，也不会立刻影响他的生长发育。

4. 胎教食谱

这个月里，我们给准妈妈介绍一些营养丰富的海洋食品。海洋动物食品被营养学家称为高价的营养品。它们富含脂肪、胆固醇、蛋白质、维生素 A 和维生素 D，与眼睛、皮肤、牙齿和骨骼的正常功能关系非常密切。据研究，海洋食品中含有大量的脂肪，而且这种脂肪具有有利于新陈代谢正常进行的特殊作用。海洋食品还可以提供丰富的无机盐，如镁、铁、碘等元素，对促进胎儿生长发育有良好的作用。除此之外，海洋动物食品还具有低热能、高蛋白的特点。100 克鱼肉可提供成人所需蛋白质量的 1/3～1/4，却只提供低于 418 千焦(100 千卡)的热能，因此高脂肪的海洋动物食品多吃有益无害。

紫菜卷

原料:河蟹750克,紫菜5张,鸡蛋3个,葱5根,姜末、黄酒、食盐、味精、淀粉、香油各适量。

制作:①河蟹洗净,用刀沿脊背剖开,剔去背骨,去皮,除去筋、刺,用刀斩成细泥,放入碗内,加姜末、黄酒、食盐、味精、鸡蛋清(1个)、冷水(100毫升),用力搅拌,拌上劲后,再拌以淀粉、香油,即成鱼泥。②鸡蛋敲入碗内,加淀粉、食盐,用筷子打匀,在锅内分别摊成5张蛋皮待用。③砧板上摊开一张紫菜,覆上一层蛋皮,再抹上一层鱼泥,中间放入一根小葱,顺次卷拢。依上述方法,做成5条,放入蒸笼,用旺火蒸10分钟,取出冷却后,切成斜刀块即成。

特点:鲜香可口,营养丰富。

鱼肉馄饨

原料:净鱼肉125克,猪肉馅75克,绿叶菜50克,绍酒5毫升,葱花5克,干淀粉50克,味精0.5克,食盐1克,熟鸡油5克。

制作:①将鱼肉剁成泥,加食盐0.5克拌和。做成18个鱼丸;砧板上放干淀粉,把鱼丸放在干淀粉里逐个滚动,使鱼丸渗入干淀粉后有黏性,然后用擀面杖做成直径7厘米左右的薄片,即成鱼肉馄饨皮。②将猪肉馅做成18个馅心,用鱼肉馄饨皮卷好捏牢。③旺火烧锅,放入清水1 000毫升烧沸,下馄饨,用筷子轻搅,以免粘连,用小火烧到馄饨浮上水面5分钟左右,即可捞出。④在汤中加食盐和绍酒,烧沸后放入绿叶菜(韭菜、香菜均可),放入味精,倒入盛有馄饨的碗中,撒葱花,淋鸡油即可食用。

特点:皮白肉红,质地滑嫩,鲜香可口。

醋熘白菜

原料:莲花白 750 克,菜油 50 克,酱油 10 毫升,醋 2.5 毫升,食盐 2.5 克,水淀粉 50 克。

制作:①莲花白(卷心白也可)除去老叶和梗,洗后切成约 4 厘米见方的片,加食盐(1 克)和匀腌约 1 分钟。②用碗将酱油、食盐(1.5 克)、醋、水淀粉等调成汁。③炒锅置火上烧热,下菜油烧至七成熟时,下白菜炒熟,加汤(75 毫升),烹下调汁,将汁收浓起锅。

特点:味鲜而烫,醋味突出,宜于下饭。

黄鱼羹

原料:黄鱼 500 克,精肉 100 克,韭菜 50 克,鸡蛋 1 个,酱油、料酒、味精、姜末、醋、淀粉各少许,食油 100 克。

制作:①黄鱼去头、尾、骨头,留皮,用清水洗净,放入盘内,上放姜片、料酒少许,上笼蒸 10 分钟,取出再理净小骨,搅碎备用;精肉切成丝。②锅烧热,放入食油,肉丝下锅煸炒,加入料酒、酱油,即将鱼肉下锅,加汤水 1 碗,烧沸后加入醋、淀粉,最后放打散的鸡蛋、韭菜、生姜末,加上熟油 50 克,出锅即成。

特点:此菜具有蟹肉的味道。

十、第十个月胎教

1. 胎儿特征

胎儿身长为 50～51 厘米,体重为 2 900～3 400 克。皮下脂肪继

续增厚、体形圆润、皮肤没有皱纹且呈现淡红色的光泽。骨骼结实，头盖骨变硬，指甲越过指尖继续向外生长，头发长出2～3厘米。内脏、肌肉、神经等非常发达，已完全具备生活在母体之外的条件。胎儿的身体约为头的4倍长，头部在正常状况下是嵌于母体骨盆之内，活动力比较受限，正等待降生。

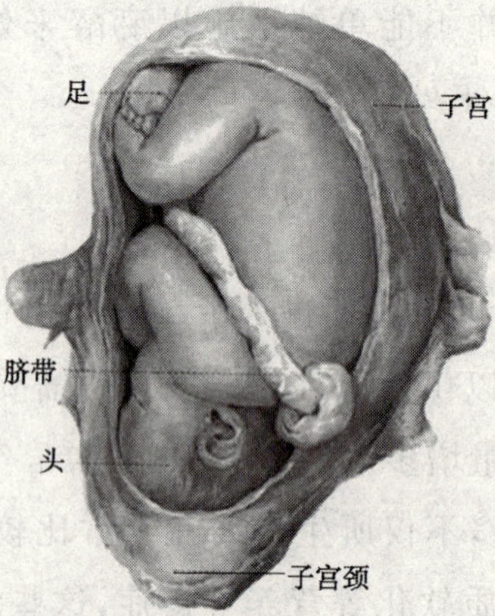

足月入盆胎儿

2. 母体变化

孕妇子宫底高33～35厘米。胎儿位置向下降，腹部凸出部分有稍减的感觉，同时胃及心脏的压迫感减轻，食欲也日渐恢复正常。但是胎儿下降后，膀胱及大肠的压迫感却增强，尿频、便秘的情形更加严重。此外，下肢也有难以行动的感觉。身体的分娩准备已经成熟，子宫和阴道趋于软化，容易伸缩，分泌物增加，以方便胎儿通过产道。而且子宫收缩频繁，开始出现分娩的征候。

3. 胎教事项

分娩是胎教的总结，10个月的胎教生活，在分娩时便会结束。基

本上，胎教是要造成一个胎儿容易居住的自然母体。希望习惯了现代生活步骤的妈妈，能为孩子恢复自然的单纯生活。妊娠中，由于只为了孩子而过日子，因此准妈妈的生活往往会在不知不觉中接近平淡。

最近，大家经常说的“自然分娩”，就是要尽量沿袭自然的经过。当然，必要时要随机应变进行医学的处置，让母子在分娩过程中平安无事。分娩的疼痛，并不能单纯地施以麻醉来处理，应该更积极、主动地依照本人的意思来处置。

4. 胎教食谱

到了第10个月，准妈妈便进入了一个收获“季节”。这时候，保证足够的营养，不仅可以供应宝宝生长发育的需要，还可以满足自身子宫和乳房增大、血容量增多，以及其他内脏器官变化所需求的“额外”负担。如果营养不足，不仅所生的婴儿常常比较小，而且准妈妈自身也容易发生贫血、骨质软化等营养不良症，这些病症会直接影响临产时的正常子宫收缩，容易发生难产。

准妈妈应坚持少吃多餐的饮食原则。越是接近临产，就愈应多吃些含铁质的蔬菜(如菠菜、紫菜、芹菜、海带、黑木耳等)。

因为此时准妈妈胃肠受到了压迫，可能会有便秘或腹泻。所以，一定要增加进餐的次数，每次少吃一些，而且应吃一些容易消化的食物。

清汤慈笋

原料：慈笋500克，清汤1 000毫升，鲜桑叶数张，食盐、料酒、胡椒面、白矾各适量。

制作：①白矾砸碎，用凉水溶化；选用鲜嫩实心慈笋，切下老根，

剥去壳，削去内皮，顺切成极薄的片，放入白矾水内漂上；桑叶洗净。②将慈笋和白矾水倒入锅内，加入桑叶氽煮一会儿，捞在凉水内，拣出桑叶。把笋片洗去白矾的苦涩味，再用凉水漂上。③烧沸清汤，加入食盐、胡椒面、味精、料酒，调好味，下入笋片，烧沸撇去浮沫即可。

特点：新鲜嫩笋，为夏令菜之一，具有清暑热的功效。

虾子海参

原料：干海参 150 克，食盐 3 克，干虾子 15 克，味精 3 克，肉汤 500 毫升，淀粉 6 克，葱、姜各 15 克，猪油 30 克，料酒 30 毫升，酱油 6 毫升。

制作：①将干海参放入锅内，加入清水，加盖用小火烧沸后，将锅端离火位，待其发胀至软时捞出，剖肚挖去肠，刮净肚内和表面杂质，洗净，再放入锅内，加清水，用小火烧沸，又将锅端离火位，待其发胀（按此方法多次反复进行，海参即可发透，但在此发胀过程中，切忌沾上油和盐，因油对海参起溶化作用，盐对海参起收缩作用，均会影响海参的发胀），然后将发透的海参肚内先划十字花刀，入沸水锅内氽一下，捞出，沥干水分备用。②将虾子洗净盛入碗内，加入适量的水和酒，上笼蒸约 10 分钟取出。③将锅烧热，放入猪油，投入姜、葱，煸炒后捞出，烹入料酒，加入肉汤、食盐、酱油、海参、虾子，煨透成浓汤汁，用淀粉勾芡，加味精，起锅，整齐地装入盆内即可。

特点：象牙白色，鲜糯，味浓，四季均宜。

海参烧肉

原料：水发海参 50 克，荷兰豆 15 克，猪肉 200 克，冬菜 10 克，熟火腿 25 克，清汤 750 毫升，笋片 25 克，豆粉面 25 克，南荠（去皮）50

克，酱油 25 毫升，葱段 50 克，果油（植物果提取的油）50 克，食盐、鸡蛋清、料酒、姜末及香油各少许。

制作：①把葱（10 克）、姜切末，海参、火腿、南荠及笋片切成碎丁。②把猪肉洗净，剁成肉馅，用葱、姜、食盐、酱油（10 毫升）、香油、鸡蛋清、豆粉面、海参、火腿、南荠、笋丁及荷兰豆调匀煨上。③把炒锅放火上，倒入果油烧至七成熟时，把肉馅捏成直径约 2.5 厘米的扁形丸子下锅，待炸成银红色捞出；放入葱段炸好捞出。④把葱段、肉丸子放在沙锅中，加上食盐、酱油、料酒、冬菜、清汤，放火上烧沸 3 分钟，再改用文火烧约 40 分钟即成。此菜上桌时，一般盛放在大汤盘中，下面有水锅子，上面有盖，以便保温。

特点：味鲜汁浓，四时皆宜。

第六章 胎教的宜与忌

一、胎教孕前准备的宜与忌

（一）孕前宜保持充足的营养

孕前营养是为妇女怀孕后胎儿良好的大脑发育和健康的体格奠定物质基础。英国著名的营养化学家克拉福德教授指出，人脑的大部分是在胎儿发育时期形成的，一个人的脑结构是否完善，其智力水平的高低在母腹中时就受他妈妈所摄入的食物影响。西方许多国家所谓“星期日孩子”和“狂欢节孩子”都是由于父母酗酒后纵欲怀孕所造成的畸形儿、呆傻儿。

在现实生活中，孕前合理营养也往往被人们忽视。有些妇女过分关心自己的体形美，怕吃得好引起肥胖，破坏了苗条的身材，因此极力控制饮食，结果造成营养不良，出现体质虚弱、疲乏无力，面黄肌瘦。还有一些妇女偏食严重，爱吃的一下子吃得很多，不爱吃的一口不吃。结果造成机体内营养处于不平衡状态，没有给受孕准备良好的营养环境。此时受孕不能满足胎儿的营养需要，造成胎儿发育迟缓，出生后脑细胞数目比正常婴儿少。

所以，准备做妈妈的育龄妇女，应该注意合理的饮食和均衡的营养，那么等到怀孕时体内就有了充分、全面的营养储备。孕期只需要

适当地补充一些营养就可以了，也就不必担心生出的孩子大脑发育不全了。当然，决定人的智力还有许多方面，但营养这一因素是很重要的，不容忽视。

孕前摄入营养，首先要选择营养丰富的食物，如肉、鱼、蛋、虾、乳制品、新鲜蔬菜、水果、各种微量元素（如锌、铁、钙、磷）等，以满足机体对各种营养素的需要，促进生殖细胞的生成和成熟。但是，有些可以影响食欲的食品应尽量少吃或不吃。例如，巧克力、白糖、蜂蜜等热能较高的食物。此外，如有吸烟、饮酒嗜好的男女青年，在此期间要戒掉或减少数量，以免影响精子和卵子的质量而导致胎儿畸形或先天愚型。总之，将要做妈妈的妇女注意合理膳食，增加营养才能使未来的孩子聪明、活泼、健康。

（二）宜在最佳时期怀孕

在理想的生育年龄期间，选择最佳的怀孕时机，有利于胎儿的大脑发育，对提高胎教的效果有着很重要的意义。如何才能做到选择最佳怀孕时机，可参考以下建议。

1. 保证精子的数量和质量

男子一次射精，精液中有 2 亿～4 亿个精子，而与卵子结合却只有1～2 个，这是为什么呢？早在 20 世纪 70 年代，科学家就提出了精子竞争的理论。这一学说不仅意味着只有最优秀精子才能夺取与卵子结合的权利，而且也表明一位男性射精时，射出的精子越多，那么他的精子越有可能与卵子结合。在日常生活中，有许多夫妻婚后多年不能生育，虽然原因很多，但大多数是由于男子的精液中精子数量过少，造成女方不能受孕。一项研究说明，在正常性交时排出的精子

数量与夫妇最近的性生活时间成反比，即夫妻间性生活次数多，则丈夫在性交时排出的精子量少；而分离时间长，尤其是久别的夫妇在性交时丈夫排出的精子多，这就保证了有足够的精子。因此，夫妻在计划怀孕前最好分离一段时间或中止性生活一段时间，那么当夫妻准备妊娠时，就会有数目较多的精子。与此同时，丈夫在妻子妊娠前1个月里要注意多吃各种营养丰富的饮食，尤其是含蛋白质多的饮食，加强身体锻炼，忌烟酒，不用热水盆浴，从而提高精子的质量。

2. 创造利于保持精子活力的环境

在夫妻性生活中，当妻子的性欲一旦达到高潮时，血液中的氨基酸和糖就渗入阴道。美国性科学家通过试验发现：当精子进入盐水里立即像死了一样失去活动能力，而进入葡萄糖和氨基酸溶液中，如同起死回生一般活跃起来。这说明了女性的性欲达到高潮时阴道内的葡萄糖和氨基酸具有延长精子存活的时间和活跃精子的运动能力，从而为受孕创造了良好的环境。此外，性高潮还能使阴道内发生其他的变化，如阴道深部皱褶伸展变宽，子宫颈口较前松弛。这种环境有利于大量的精子储存，并且容易进入子宫进行激烈的竞争而使最优秀、最强壮的精子与卵子结合。在这种状态下发育的胎儿更有利于胎教，出生后才能培养成聪明的孩子。

3. 在最佳生育年龄受孕

从年龄上说，最佳受孕时间还与生育年龄有关，据有关专家认为，我国妇女身体各器官系统发育一般要到24～25岁才完全成熟，那么在男子满20岁，女子满18岁只是刚刚开始进入成熟期，体内某些脏器并没有完全发育成熟，如骨骼钙化过程就要比实际年龄晚得多。

生一个孩子,妈妈的身体要发生很大的变化,消耗很多体力,付出很大代价。十月怀胎从一个没有米粒大的受精卵逐渐发育到3～3.5千克或更重的成熟胎儿,子宫从平时只有50克左右,增大到1 250克,容积比平时增加500多倍,胎盘从无到有,所需要的一切营养都要从母体摄取。同时,妈妈为了适应怀孕的生理需要,各器官系统都发生了复杂变化,还有产后喂哺婴儿,身体的复原等。所以,如果过早地生育子女就会影响年轻妈妈的身体健康,容易患妇科病,还可能导致胎儿发育不良。易发生早产和难产,胎儿畸形等不良结果。

推迟婚育年龄也不是说越晚越好,妇女生育年龄不要超过30岁,尤其不要超过35岁。这是因为过晚的生育不利于母体健康和优生,35岁以后生孩子叫高龄分娩,其流产和先天异常儿的发生率较高。因为当女性婴儿出生后,卵巢中的卵母细胞数目就不再增加,随着年龄的增长,卵细胞逐渐老化。如果在35岁以后才生孩子,多年陈旧的卵子受精,卵子分裂时染色体就容易发生变异。人的细胞核中有22对常染色体,一对性染色体,当卵子成熟时23对染色体均衡地分配到2个细胞中,其中一个与精子结合发育成新的个体。但是,如果老化的卵细胞分裂时常常会出现一对染色体不分离,同时进入一个卵子。这样就可以出现两种情况。一种情况是:卵子中的染色体少一个,与精子结合后大多数妊娠后发生流产;另一种情况是:卵子中的染色体多一个,与精子结合后多数能发育成熟,但出生后婴儿智能落后,被医学上称为21-三体综合征,即先天愚型儿。

此外,年龄过大妊娠分娩时并发症增多。研究表明,在35岁以后,妇女骨盆韧带的松弛性和弹性下降,骨盆底和会阴肌肉弹性减弱,子宫收缩力减弱,因此在分娩中很容易发生难产。

综合上述情况,我们可以得出结论,准妈妈最佳生育年龄应该在

25～29 岁之间，但必须强调的是虽然妈妈不是高龄，但爸爸高龄也同样有生出劣质孩子的可能。

4. 选择最佳季节受孕

什么季节怀孕好，这个问题值得注意，许多妇女在妊娠早期因受病毒感染而导致胎儿畸形、早产、死胎等。医学证明有些病毒，如风疹、流感、腮腺炎等病是具有季节性的，一般多发生在冬末和初春，因此妇女怀孕最好躲开 11、12 月份和来年 1 月份。另外，冬天受孕的另一个缺点是分娩期正在炎热的三伏天，产妇即不能出屋乘凉，又不能挥扇消暑，如果再加上房屋居住狭窄，通风不良，很容易发生产褥期中暑。那么，什么月份合适呢？

在美国，有人曾调查了 45 000 名大学生，结果发现：智力与受孕的月份有关。还有人统计《大英百科全书》上的 10 832 名知名人士发现，其中大部分是在 3～4 月受孕，来年 1～2 月出生，也就是说在春天受孕，冬天分娩。3～4 月间正是春意盎然，树木吐绿的季节。人们的心情随着春天的到来格外欢快，这时准妈妈每天可以到公园、水边、树林等地散步，可以吸收自然界的清新充足的氧气。同时，散步也是一种适当的运动，可以改善妈妈的血液循环，放松紧张的情绪，促进胎儿大脑的正常发育，一举两得。等到 6～7 月份正是妈妈怀孕 2～3 个月，是开始进行胎教的时期，在这草木吐翠，百花争艳，一派生机勃勃的大自然美景中正好上了胎教第一课。而且，在这之后的秋天里各种蔬菜、水果、鱼、肉、蛋类非常丰富，能为准妈妈提供足够的营养物质。此外，3～4 月份受孕，在整个妊娠过程中都能提供良好的光照，阳光中的紫外线可以使准妈妈获得维生素 D，促进母体钙的吸收和利用，有利于胎儿骨骼的钙化。到第二年的 1～2 月份孩子出生，从

妈妈那里获得免疫物质，正好使他安然度过初春季节的一些流行病高发期。当婴儿长到6个月开始咿呀学语，活泼好动的时候又是夏季，这时父母可以带着小宝宝重返大自然中去进行第二阶段的早期教育。

此外，妇女受孕也可选择在6～7月份，因为早孕期准妈妈多数有妊娠反应，出现食欲减退、偏食、厌食。这个季节由于瓜果、蔬菜最丰富，会有许多食物适合准妈妈口胃，营养可以得到满足。到了妊娠中期，正好是炎夏已过，秋高气爽，胎儿发育也在旺盛时期对各种营养需要量增加，这时气候宜人，妊娠反应也过去了，食欲大增，能供给胎儿足够的营养。当胎儿降临后正是次年春暖花开季节。

综上所述，最佳怀孕时机：①女子在年龄25～29岁之间。②季节宜选在3～4月份或6～7月份。

（三）孕前宜保持肾气充沛

天下做父母的，都希望生个健康、聪明、活泼的孩子。父母的健康是孩子健康的基础，这是谁都明白的道理，可是做起来很不容易。有的未到结婚年龄，就恋爱同房、有孕、人工流产。有的虽然是婚龄期结了婚，由于缺乏两性知识，天天行房事，同样伤精耗液，损伤元阴元阳，生下的孩子不健康，身体虚弱，病多。有的大量喝酒，“醉以入房，以欲竭其精”，生下的孩子同样不健康。所以，要想后代健康，必须做到“节房事，护肾精”。意思就是节制男女房事，以保护肾精。《内经》中指出“肾为先天之本”。肾精之盈亏，影响人的生长、发育、衰老全过程。又指出人体衰老主要表现为“天癸竭，精少，肾气衰”。究其原因，多见于“醉以入房，以欲竭其精”所致。

鉴于以上原因，要想生个健壮的孩子，首先要父母健壮，同时必

须做到以下几点：①要求在30岁左右结婚(女24～28岁，男25～30岁)。②结婚后同房次数要以事后不感疲乏为宜。③保持男女双方健康，凡是男女有一方正在生病，或疾病虽然好转，但未完全康复之前，不得要孩子。④保持肾精的充足，采取食疗与药疗相结合。

肾亏可分为肾阴亏和肾阳不足，应根据自身情况选用食疗或药疗方补之。

1. 肾阴亏症状

肾阴亏，症见腰痛、耳鸣、口干，同房时男方精液少，女方阴道分泌物少。不论男方或女方出现肾阴亏，均可用食疗或药疗法滋阴补肾。

(1)食疗方：黑大豆30克，黑芝麻30克，新鲜猪肾1对，或猪尾骨60克，同煲食，可放少许食盐调味，每日1剂，或3日1剂，连服1个月。

(2)药疗方：杜仲15克，桑寄生15克，女贞子10克，山药10克，山茱萸10克，枸杞子10克，核桃肉10克，炙甘草6克。每日1剂，水煎服。或服六味地黄丸每日3次，每次1丸，连服1个月。

2. 肾阳不足症状

肾阳不足，男方症见腰痛、小便多、性欲减退、阳事勃起无力或阳痿；女方症见腰痛、小便多、性欲减退，均可用以下食疗药疗方调养。

(1)食疗方

方1：猪鞭(狗、牛亦可)1条，羊肉30克，煲熟后加入三花酒30～40毫升冲服。每日1剂，连服1个月。

方2：鲤鱼卵30克煲熟后，加入少许三花酒冲服。

方3：鸡睾丸30克煲熟后，加入少许三花酒冲服，每日1次，服1

个月。

(2)药疗方

方1:淫羊藿10克,仙茅10克,巴戟天10克,补骨脂10克,韭子10克,川续断10克,炙甘草6克。每日1剂,水煎服,连服1个月。

方2:附桂八味丸或龟鹿补肾丸。每次1丸,每日3次,连服1个月。

(四)受孕时宜情绪稳定

在我国,人们普遍把怀孕称做“有喜”,这个比喻是很有意思的。因为怀孕意味着就要做妈妈了,丈夫就要做爸爸了,而爷爷奶奶就要抱孙子了,这当然是值得高兴的喜事。其实,从保健的角度讲,把怀孕看做“喜事”,也是在提醒准妈妈:应该保持心情愉快,情绪乐观,避免不良情绪的发生和影响。即使遇到不痛快的事也不要苦恼发怒,这对准妈妈自身的健康,特别是对于腹中胎儿的健康发育,是非常有好处的。

准妈妈的情绪变化,会导致生理功能、身体质量与健康状况的改变,而这些改变又会直接或间接地影响到胎儿的生长和发育。所以,准妈妈对此必须有足够的重视。这方面的道理不用多说,只要懂得准妈妈情绪不好会给胎儿带来哪些不利影响,人们就明白了。

先以准妈妈发怒为例。有的医学和心理学研究者专门测量过,准妈妈发怒的时候,血液中的激素水平会很快升高,体内的有害化学物质的浓度也会在短时间内增多,这些物质通过血液循环很快遍及全身,而且能够通过胎盘屏障进入羊膜腔。奇怪的是,这些物质会在胎儿身上直接发生作用,用专家的话说就是:“胎儿可以复制出母亲的心理状态”,日后在性格、情绪上会还原母亲的性格和情绪。可见,

这样的结果是很不好的。

此外，血液中的白细胞是健康的“卫士”，人在生病时，白细胞特别是白细胞中的巨噬细胞便进入“战斗”，与侵入体内的细菌、病毒进行搏斗。而准妈妈发怒，恰恰会使血液中的白细胞减少，这无疑会使体内抵抗疾病的战斗力减弱，降低了人体免疫功能。所以，有可能更多地感染疾病，这不仅对自身健康不利，也会由于经常生病而影响胎儿的生长发育。而且，孩子出生之后抵抗疾病的能力也比正常孩子差一些。由此可见，怀孕期间准妈妈的情绪不佳，造成对健康的不利后果是多方面的。

另外，有的专家经过调查还发现，一些发生腭裂、唇裂等出生缺陷的婴儿，其母亲在怀孕期间往往情绪不好。专家分析认为，怀孕7～10周这段时间，正是胎儿口腔腭部和上颌骨形成的时期，而此时准妈妈的情绪不稳定，受到一些不良刺激，很可能就是形成出生缺陷的一个不可忽视的因素。

从国外的一些研究来看，准妈妈的情绪好不好，同样对胎儿有直接的影响。美国医生从一些自愿接受调查的准妈妈那里得到的有关资料显示，性情暴躁、急躁、情绪波动大、容易发怒、多愁善感、敏感多疑、心胸狭窄的准妈妈，妊娠早期及中期发生流产的，要比正常准妈妈高出3～5倍。而且这些准妈妈生的孩子，比正常准妈妈生的孩子体重明显要轻一些，并且分娩时出现难产情况的也多于心理正常的产妇。

许许多多的科学研究已经表明，准妈妈的情绪如何，既关系到自身的健康，也关系到下一代的生长发育，的确是一个应该认真看待的大事。至于在怀孕期间如何保持健康、良好的情绪，需要注意的方面很多，如家庭要尽可能创造和谐、欢乐的生活气氛，夫妻之间要多交

流、多理解，尤其是发生不愉快事情的时候，要多从积极的方面开导准妈妈，避免准妈妈受到不良刺激等。作为准妈妈自己，同样要正确对待生活中发生的大大小小的矛盾，对一些无足轻重的事情，不要过分认真和计较，尤其不应该多疑多虑，尽量减少对家里其他人的误会误解。即使遇到什么不顺心的事情，也要想办法让自己大度一些，应该学会多做一些自我安慰，这样情绪就不容易受到影响而稳定了。要知道，保持健康的情绪，让自己始终有一种良好的心境，对自己、对胎儿，都有好处，自然对家庭也有好处。

(五) 受孕宜选择良好的环境

良好的环境对怀孕妇女是一个良性刺激，在这期间受孕更有利于优生。最佳环境包括气候、周围的整洁清爽、空气清新。这有利于精卵结合着床和胎儿的发育成长。选择最佳环境条件要求夫妻双方感情融洽，思想统一，步调一致，还要注意兼顾工作、学习等，在经济和物质方面做好必要的准备。良好的环境条件，不仅是优孕所必需，也有利于优养优教。

现代科学研究证实，任何生物体，从器官系统到组织、细胞及细胞内染色体等都存在着许多种时间节律，即生物钟。人体生物钟中对人体的生理、心理影响最大的是“人体三节律”，即智力、情绪、体力，它们从人出生时起便分别以 33 天、28 天、23 天为周期，呈正弦曲线样变化。当人体智力、情绪、体力均处于高潮期时，就感到精力充沛、情绪高涨、精神焕发、思维敏捷、办事得心应手，体细胞的各种功能和代谢活动均处于最佳状态。因此，选择夫妇双方智商最高、情绪高涨、精力饱满、体力充沛的最佳时机受孕，就可创造高质量的胚胎，从而孕育出健康、聪慧的优秀后代。

20世纪80年代初，在意大利的塞尔索市，一大批畸形儿降临人间，究其原因，与6年前当地的一次公害事件有关。那年该市一家除草剂厂的三氯苯酚反应罐破裂，喷出至少含有2千克二氧蒽的毒雾。它是一种剧毒物质，每克足以杀死2万人，仅很小很小的剂量就可使老鼠产生怪胎。当时有1万居民受到毒雾影响，其中5 000人有中毒症状。由于二氧蒽有致畸作用，当局不得不动员受到污染的孕妇堕胎，并要求夫妇至少在半年内不得同居，以免新的畸形儿出生。在越南战争中，美国使用落叶剂也含有二氧蒽，污染区至今畸胎比例还很高。

科学研究已经证实，人类环境中有四种致畸因素：放射物、病毒、药物和化学污染物。在环境污染的影响下，正常细胞受到损坏和死亡都会导致胎儿畸变。化学污染物能直接殃及胚胎、胎儿和新生儿，也可间接地通过母体干扰胎盘和胎膜的正常生理功能，从而影响胚胎、胎儿。空气污染中的一氧化碳、氮氧化物、氢氰化物、乙烯基氯化物、多环芳香族化合物等，都能抑制胎儿的中枢神经系统的正常发育，引起畸形。在各类化学污染物中，镉、汞、铜、镓、铅、砷等金属，能使胎儿中毒和畸形，威胁最大。

（六）准妈妈忌与宠物接触

弓形虫病是由弓形虫原虫引起的人畜共患的传染病。对人起重要作用的传染源是动物。接触被感染的动物会感染，食入含有弓形虫的水或食物，通过肠黏膜会感染。猫是弓形虫病的主要传染源。

弓形虫是一种比白细胞还小的寄生虫，它的包囊存在于猫的粪便中。一只受感染的猫，一天可排出1 000万只包囊。包囊随粪便排出后，在适宜的环境下，经过2～4天的孵育后即有感染性。准妈妈感

染弓形虫后，包囊在准妈妈体内增殖，通过胎盘传染给胎儿，造成胎儿先天性弓形虫病，导致流产、早产、死胎或畸胎(包括脑积水、小脑畸形、失明和智力发育障碍等)。有些先天性感染的胎儿出生时貌似正常，但日后发育过程中可发生脑积水、视网膜炎、颅内钙化和智力障碍。在整个妊娠期准妈妈患病越早，对胎儿危害越大。所以说，弓形虫病是优生的大敌。

为了预防准妈妈感染弓形虫病，最好的办法是，准妈妈及准备怀孕的妇女避免与猫接触，家中不要养猫。

(七) 准妈妈忌长期接触电磁波

电脑已是非常普及的现代化办公设备，然而它在给人们带来诸多好处的同时，也危害着人类的优生。最近，日本“电脑劳动与健康调查委员会”对250名在从事电脑操作工作期间怀孕或生育的女性进行了一项调查，发现这些女性中有18人患妊娠高血压综合征，35人

流产，还有67人出现了早产和死胎等异常症状，研究者解释说，电脑的录像显示装置使用的都是高压静电，从荧光屏中释放的正离子会使操作者身体的代谢活动发生一系列的变化，降低了他们对疾病的抵抗力。长时间处于缺少负离子环境中的准妈妈，会感到头痛、气闷、沮丧和食欲降低，还可能发生早产或流产，甚至造成胎儿畸形或死亡。

因此，为了防止或减少电脑对人体健康的危害，长期从事电脑操作的人员，尤其是孕妇，必须穿戴能防电磁波的防护服，同时要保持工作室的空气流通，可安装空气负离子发生器。在工作中，操作人员最好每隔1小时休息15分钟。此外，还要注意在饮食上多补充蛋白质、高维生素和磷脂类食物，以增强机体的抗辐射能力。处于准孕期和孕早期的妇女最好暂时离开电脑操作岗位，以免影响胎儿的正常发育。

（八）准妈妈忌用化妆品

美容化妆已成为现代妇女的一种时尚，但已怀孕及准备怀孕的妇女在使用化妆品时应特别注意，以下几种化妆品应禁止使用。

1. 染发剂

根据国外医学专家调查，染发剂不仅有可能导致皮肤癌，而且也可能引起乳腺癌和胎儿畸形。因此，怀孕以后和月经不调的妇女不宜使用染发剂。

2. 冷烫精

根据法国医学专家多年研究，怀孕妇女和分娩后半年以内的妇

女，不但头发非常脆弱，而且极易脱落。如果再用化学冷烫精冷烫头发，更会加剧其头发脱落。另外，用化学冷烫精冷烫头发，还会影响孕妇体内胎儿的正常生长和发育。

3. 口红

口红是由各种油脂、蜡质、颜料和香料等组成的，其中油脂通常采用羊毛脂。羊毛脂既能吸附空气中各种对人体有害的重金属微量元素，又能吸附能进入胎儿体内的大肠杆菌等微生物，同时还有一定的渗透作用。因此，准妈妈涂抹口红以后，空气中一些有害物质就容易吸附在嘴唇上，并在说话和吃东西时随着唾液侵入人体内，从而使生长在准妈妈体内的胎儿受害。所以，为了下一代的健康，准妈妈最好不涂口红。

（九）准妈妈忌用洗涤剂

日本学者曾经对孕卵发育障碍与环境因素的影响进行动物实验：用含有2%酒精硫酸（AS）或直链烷基磺酸盐（LAS）涂抹在已孕的小白鼠背部，每日2次，连涂3天，在妊娠第3天取出孕卵检查，发现多数孕卵在输卵管内极度变形或死亡。而未涂过AS或LAS剂的孕鼠，其孕卵已全部进入子宫且发育正常。由此揭示，含有AS或LAS之类的化学物质，可通过哺乳类动物的皮肤吸收到达输卵管。当准妈妈体内此成分达到一定浓度时，可使刚刚受精的卵细胞变形，最后导致孕卵死亡。

据有关部门测定，目前市场上销售的洗涤剂之类物质中含AS或LAS的浓度为20%左右，是用于小白鼠实验的2%浓度的10倍。因此，人们必须对引起不孕的凶手——洗涤剂之类化学物质有足够的

认识，对夫妻双方都查不出明显不孕症病因的患者，女方应在月经周期的后半期尽量少用或不用此类物质，以免受精卵遭破坏引起不孕。

（十）准妈妈忌病毒感染

流感是普通的疾病，一般人患病几天便痊愈，无甚危险。但是，如果是准备怀孕和孕妇就该特别小心。

早在 20 世纪 40 年代，澳大利亚就有人发现感染风疹病毒的孕妇，生下的孩子有畸形。60 年代中期，美国发生风疹大流行，结果 3 万名新生儿身体有残缺。以后又有关于感染巨细胞病毒、疱疹病毒孕妇导致胎儿发生畸形的报道。现在，世界各国医学家一致认为，妇女怀孕期间感染病毒可造成下一代的畸形改变。在这些病毒中，也包括流感病毒。因此说，准妈妈一定要谨防流感。

（十一）准妈妈忌吸烟

吸烟的危害越来越受到人们的重视。烟雾中含有一些致畸物质，如尼古丁、焦油、辐射物和多环烃类。尼古丁及其代谢产物可以改变催乳素和孕酮的分泌，破坏受精卵的着床过程；尼古丁还能提高妊娠子宫的紧张度，增加子宫的收缩力，从而造成自发性流产的增多。有人统计，吸烟准妈妈的自发性流产率为 41％，不吸烟准妈妈仅为 28％。烟气中含有大量的一氧化碳，能使怀孕妇女血中碳氧血红蛋白含量增加，减少红细胞携氧能力，抑制或减缓氧和血红蛋白的解析与氧的释放，容易造成胎盘蜕膜基部坏死、细胞滋养层增生、胎盘毛细血管血流速度变慢，从而引起胎儿血氧过少，使胎儿的正常发育受到影响。尼古丁对胎儿交感神经系统有毒害作用，可以引起胎儿

心动过速、心动过缓或心律失常，从而引起心脏先天性功能和形态的损伤。

吸烟准妈妈生下的新生儿容易因呼吸困难和发育不正常而死亡。有人统计，准妈妈每日吸烟 20 支以下，死产发生率为 20%，每日吸烟 20 支以上，死产发生率为 35%。在存活的新生儿中先天性心脏病（如动脉导管未闭和法洛四联症），吸烟准妈妈是不吸烟准妈妈的 2 倍。吸烟准妈妈生下的新生儿体重可降低 90～350 克，以致个子矮小、智力发育水平低。

父亲吸烟对优生影响也不可低估。吸烟会影响精子的发育，烟气中许多化学物质能诱发精子顶体异常、精子数量减少、精子运动能力改变。日本一项研究指出，每日吸烟 30 支的男子，畸形精子可超过 20%，父亲吸烟可导致新生儿畸形，吸烟愈多，其比例愈高。瑞士医学研究表明，烟草中的尼古丁可以使男性生殖细胞（精子）形成所需要的适宜内环境遭到破坏（主要为酸碱度不正常），这样他的生殖细胞发育不良，结果会导致未来的婴儿出现形态和功能等方面的缺陷。

为了保护下一代，一定要综合治理室内外环境污染，改善环境质量。

（十二）忌在疲劳时怀孕

现代生活是美好的，它是人类社会不断发展与高度文明的具体体现。与之相适应，生活在现代社会里的人应该都十分优秀，它依赖于优生、优育的措施来实现。然而值得人们注意的却是，快节奏的生活使人过于疲劳正在悄悄地严重地阻碍着优生。它通过降低人类精子质量来实现。

北欧男性科研会通过研究指出："现代生活方式大大恶化了男子

的生殖能力。与 20 世纪 60 年代时相比,男子精子的质量已大大降低。"瑞典卡洛林医院斯梯凡·阿尔维教授也指出,"男子的睾丸对外界刺激非常敏感,对劳累的反应尤其强烈"。他们的动物实验证明劳累完全可能破坏精子的功能。他们系统地比较了 20 世纪 60～70 年代与 80 年代精子功能,得出结论是"精子质量随现代生活方式之日趋疲劳而在日趋恶化"。能引起疲劳的现代生活因素很多,比较明确的有如下 14 种。

● 连续的夜班。

● 长途旅行。

● 常赴舞会。

● 沉迷于夜生活。

● 过度的体力劳动。

● 剧烈的体育运动。

● 远途而紧张的旅行结婚。

● 操办或参加旧式婚嫁礼仪。

● 摆宴席招待较多的客人。

● 陪坐久久不散的宴席。

● 激烈地争吵或生气。

● 过于集中并持久的脑力劳动。

● 久卧病床。

● 频繁地性交。

因此,要想优生,上述诸项可引致疲劳的现代生活方式要有一定节制,尤其是那些与男子密切相关的生活活动。假若正值结婚喜日,那么应酬完所有宾客,又被闹罢了洞房,直到深夜才得安寝,或假若旅行结婚第一天奔波到很远处方下榻安歇,又假若夫妻参加新婚舞

会后又去夜总会周旋了很久，那么当日当夜的精子质量一定很低，此时性交并妊娠，对优生后代必有严重影响。

（十三）忌酒后怀孕

你相信吗？有些婴儿是混身带着酒味出生的。这是父母饮酒带给孩子的遗患：胎儿酒精综合征。

当一位妊娠妇女喝了一杯酒后，酒精就会通过她的血液到达胎盘并进入胎儿的血液，由于胎儿的代谢比母亲慢 50%，因此当母亲次日清晨头痛消失很久之后，酒精仍可持续对胎儿产生影响。有些婴儿是混身带着酒味出生的，这是因为胎儿也具有吞咽功能，如果他一直处于含酒精的羊水中，就会被动饮入大量酒精。“胎儿酒精效应”，是指酒精对胎儿的影响从轻到重范围很大的一个广义术语。“胎儿酒精综合征”则表示由于胎儿期饮酒而导致的最严重的一系列影响，它仍然是儿童智力障碍的首要病因。

患有“胎儿酒精综合征”的儿童或青少年可以表现为身高、体重低于正常人，罹患脏器畸形，如面部或身体其他部位畸形，小头、扁平脸、颌裂、鼻短上翘、听力缺失等，中枢神经系统也出现功能障碍。如果一个儿童具备这些特点且其母有饮酒史，医生就可以诊断为“胎儿酒精综合征”。如果一个儿童仅有“胎儿酒精综合征”的部分表现或者仅有轻微表现，医生可能只诊断为“胎儿酒精效应”。不论任何诊断，这些儿童都可以表现为严重的学习困难。

在美国，每年出生的婴儿约有 1/5 000 患有“胎儿酒精综合征”，1/3患有“胎儿酒精效应”，也就是说，每年约出生 5 000 名患“胎儿酒精综合征”和“胎儿酒精效应”的婴儿。无论任何种族、任何阶层、任何妊娠年龄的妇女都可能生出这种婴儿。当母亲严重饮酒时，她的

婴儿患“胎儿酒精综合征”的概率为30%～40%。

研究发现，在妊娠的头3个月，饮酒可以损害胎儿的内脏和大脑；4～6个月饮酒若未造成母亲流产，就会影响胎儿的大小和智力发育；在妊娠的7～9个月，母亲饮酒主要危害胎儿的智力发育。

一些研究还证实，父亲饮酒也可在第二代产生持续的行为和发育变化。有些研究者发现酒精能损害基因结构，并在子代中引起畸形。有一个调查显示，经常饮酒的父亲所生的婴儿，比偶然饮酒的父亲所生的婴儿体重平均低181克。

许多患儿可表现典型的酒精戒断症状，如持续痉挛、紧张不安、出汗和多动。通常主要表现为不自主地面部抽动和手脚突然大幅度移动，当他们受到过度刺激和紧张时，这些表现则更加明显。他们很难保持安静或安睡状态，一些儿童甚至可能发展成为癫痫。

在1～3岁时，他们说话、走路等生长发育明显迟缓。3岁以后，有些儿童出现注意力缺陷、多动障碍。大多数儿童直到长大成人也不能得到正式诊断和治疗。“胎儿酒精综合征”儿童的智商属低智能范畴。

几乎全部“胎儿酒精综合征”和“胎儿酒精效应”儿童都有某种行为异常。他们或许表现得极为友好，见到陌生人时没有紧张不安的表示，但是他们几乎不能交到同龄朋友或与其保持朋友关系；他们的睡眠很不规律；行动大多表现得冲动而目的不明确；经常小偷小摸；他们一般不能对任何错误承担责任；几乎没有自我保护观念；即使遇到轻微挫折或麻烦也常常表现狂怒。

父母不要认为长大后这些行为异常会逐渐减少，有时某些行为异常在婴儿期和儿童期可能并不表现，但是当进入青少年期和成人期时，就会出现并可持续终身。即使最好的教育培训也不能改变这

些，诸如疯狂冲动等行为异常。所以患“胎儿酒精综合征”的成年人不能独立生活与工作。

由于酒精对胎儿造成的损伤是生理的，后天的治疗几乎很难改变疾病的病程，因此预防至关重要。孩子一旦出现“胎儿酒精效应”，甚至已出现“胎儿酒精综合征”，还是要及早给予诊断和治疗，对他们进行特殊教育，使各种先天缺陷得到弥补，给他们提供重返社会的适当职业，力求使这部分患儿尽量得到自身的最佳发展。

（十四）忌生育过晚

有关怀孕的时间虽然是夫妇两人之间的私人问题，不过如果从家庭计划的立场来看，怀孕、分娩及养儿育女不宜过晚。对一个女性来说，20～35 岁是最理想的生育时间，而且如果是生育第一胎，最迟也不要超过 30 岁。

近年来，由于上班的女性激增，头胎分娩的女性产龄有渐趋升高的现象，然而对胎儿来说，却不是一个可喜的现象。

当然，即使是高龄分娩，经由正常分娩而生出健康的宝宝的例子很多，而且随着医学技术的进步，分娩时所发生的危险已经降低了很多。多数的产妇在分娩结束之后也能好好地哺育婴儿。医学上把 35 岁以上的孕妇定义为高龄孕妇。高龄妇女妊娠会有一系列的问题，要担一定风险，其中最突出的问题是先天痴呆儿和某些先天畸形儿的发生率较高。以最常见的先天愚型（伸舌样痴呆）为例，国外统计表明：35 岁以下的孕妇中发生率为 1/800 以下，35～39 岁孕妇中发生率为 1/250，40～44 岁孕妇中发生率为 1/100，45 岁以上孕妇中发生率为 1/50。这是因为高龄孕妇的卵子容易发生“老化“现象。育龄妇女年龄越大，卵巢中的卵子越容易衰老；卵子在卵巢中贮存的时间越

久，接受感染、放射线等有害因素的机会越多，这些都会增加染色体突变的机会，给胎儿带来畸形变化。另外，高龄妇女妊娠期患有各种合并症机会增加，如高血压、糖尿病等，不仅影响胎儿体质，对母亲健康也不利。分娩时，由于高龄妇女的骨盆、韧带及会阴肌肉弹性降低，会使产程延长、难产，手术的机会也增多，新生儿患合并症的机会也会增多。

因此，对宝宝及母亲而言，为了选择在最有利的条件下怀孕，母亲的年龄应在24～29岁之间。因为妇女到了这个年龄段身体发育成熟，并正处在生育旺盛期，对妊娠、分娩期间的心理变化和精神刺激均能很好地调节与适应，各方面已具备了做母亲的条件，能胜任起哺育与教育下一代的任务。因此，所生的小孩既健康又聪明。

（十五）忌生育过早

妇女生育过早不仅对身心健康不利，影响学习、工作和身体健康，而且还会有更危险的事发生。早孕会提高产妇死亡率。年龄在20～29岁的产妇死亡率为4.5‰，而年龄在20岁以前的产妇死亡率高达8.6‰。早孕的妇女婴儿死亡率也比较高，20岁以前产妇生的婴儿死亡率可达109‰。一般女性在20岁以前虽然身体的各重要器官已逐渐发育成熟，但骨骼要到23岁以后才能完全钙化，若过早地怀孕生育，胎儿会同仍在发育的母亲争夺营养，使母婴双方都不能健康生长。宫颈癌的患病率早婚者比晚婚者要高出3～7倍，尤其是18岁以前生育者可高出20倍，20岁以前生第一胎的，宫颈癌的患病率比25岁以后生第一胎的高7倍之多。

（十六）忌早产、流产后马上再孕

出现过早产及流产的妇女，由于种种原因会造成机体一些器官的平衡被打破，出现功能紊乱，子宫等器官一时不能恢复正常，尤其是经过人工流产的妇女更是如此。如果早产或流产后就怀孕，由于子宫等的功能不健全，对胎儿十分不利，也不便于妇女身体特别是子宫的恢复。

为了使子宫等各器官组织得到充分休息，恢复应有的功能，为下一次妊娠提供良好的条件，早产及流产的妇女最好过 6 个月后再怀孕较为合适。

（十七）忌剖宫产后马上再孕

有的妇女第一胎进行了剖宫产，很快又怀上了第二胎，这对准妈妈身体健康和胎儿生长很不利。剖宫产按子宫口部位可以分为子宫体部剖宫产和子宫下段剖宫产。无论那种剖宫产，再孕时均易发生破裂，造成危险。

子宫体部剖宫产由于体部肌层较厚，缝合时不易对合，产后子宫复旧时子宫体部肌肉收缩明显，故体部切口愈合较差，再次妊娠分娩时，体部瘢痕位于主动收缩部分，故容易发生破裂。相比之下，子宫下段剖宫产由于肌层较薄，缝合时对位好，产后子宫复旧时无明显收缩，故愈合较好，再次妊娠时子宫破裂的可能性也小。据统计资料表明，子宫体剖宫产再次妊娠后子宫破裂的发生率是子宫下段剖宫产的 4 倍。但子宫下段剖宫产的妇女也需要经过一段恢复期才能再怀孕。

一般接受过剖宫产手术的妇女，如欲再次生育，最好过 2 年之后再怀孕，给子宫一个充分的愈合时期。尽管如此，在分娩时也还会有子宫破裂现象。所以，剖宫产后的妇女忌急于再怀孕。

（十八）忌避孕中怀孕

妇女口服避孕药避孕失败后所生的孩子和停止服药后短期内怀孕所生的孩子，其先天畸形发生率较一般情况有增高，即便不是畸形，其成熟度、体重、生长速度等各方面都有明显差别。所以，如果口服避孕药期间避孕失败而怀孕或在停用避孕药不足 6 个月而怀孕，都不要抱侥幸心理继续妊娠，要在怀孕早期做人工流产。

用金属节育环避孕因用环选择不当或带环时间选择不当，都有可能造成节育环自行脱落和在宫腔内的位置改变以致带环怀孕。带环受孕后的自然流产、早产、死胎、死产和胎儿发育异常的机会都比

正常妊娠发生的机会大。因此,发现带环受孕应及早做人工流产为好。

外用避孕药膜是一种具有强力杀灭精子的药物,使用其避孕方便可靠。但有时由于使用方法不当或错误,可能造成避孕失败。例如,药膜未放入阴道深处以致溶解不全,或者放入药膜未能等到10分钟以上,药膜未完全溶化即性交,可使部分精子"漏网"。考虑到药物对受精卵生长发育可能产生的影响,凡是使用外用避孕药膜后怀孕,应及早进行人工流产,不要继续妊娠。

(十九)怀孕前期忌服用药物

妊娠初期必须注意的事项之一就是药物。数年前,作为治疗孕吐的药而被使用的"反应停"(Thalidomide)造成先天性的畸形原因,至今仍为报纸上的热门话题。而且现在甚至连母乳都被检验出含有药物成分。大量资料表明,妊娠初期的胎儿对药剂及其他外在的因素极易受到影响,所以滥用药物或经常使用对胎儿明显不利。

有些妇女身体有病,需要长时间服用某些药物。有些药物,如激素、某些抗生素、止吐药、抗癌药、治疗精神病药物等,都不同程度地对生殖细胞有影响。卵子从初期卵细胞到成熟卵子约需14天,在此期间卵子最易受药物的影响。因此,长期服药后忌急于怀孕。一般说,妇女在停药20天后受孕,就不会影响下一代。当然,有些药物影响的时间可能更长些,最好在准备怀孕时请医生指导,然后确定怀孕时间。

当然,很多药物与胎儿畸形并无直接的关系,即使不至于导致外表上的形态畸形,但所谓的功能性畸形,在现在的医学上仍然无法百分之百保证不发生,如"记忆力差的孩子"很可能是其母亲在孕期胎

儿脑细胞发生障碍。所以结婚后，特别是想为人母的女士，必须停止服用一切不必要的药物，“顺其自然”是最重要的。

安眠药对男女双方的生理功能和生殖功能均有损害。例如，地西泮（安定）、利眠宁、丙米嗪等，都可作用于脑，影响垂体促性腺激素的分泌。男性服用安眠药可使睾酮生成减少，导致阳痿、遗精及性欲减退等，从而影响生育能力。女性服用安眠药则可影响下丘脑功能，引起性激素浓度的改变，表现为月经期间无排卵高峰出现，造成月经紊乱或闭经，并引起功能障碍，从而影响受孕能力，造成暂时性不孕。为了避免影响双方的生育能力，新婚夫妇或准备怀孕的夫妇千万不要服用安眠药。一旦发生失眠现象，最好采取适当休息、加强锻炼、增加营养、调节生活规律等方法解决，从根本上增强体质，不可用服安眠药维持。

（二十）怀孕前忌接受X线检查

当每月的月经生理期较预定时间来得晚，而又怀疑“是否已怀孕”的时候，不少女性会到妇产科接受检查，并找医生商谈。发生怀孕的可能性是在最后一次月经的第1天开始算起，大约14天前后的排卵日。因此，如果必须接受X线照射检查，最好是在排卵前，亦即最后一次月经结束后，这是因为排卵后及下次月经来前的这段时间，卵子可能已处于受精的状态，所以要避免受精卵遭受X线照射。

妇女在怀孕前一段时间内也不要接受X线照射。如果在怀孕前4周内受X线照射，也会发生问题。医用X线的照射剂量虽然很少，但它却能杀伤人体内的生殖细胞。因此，为避免X线对下一代的影响，接受X线透视的妇女，尤其是腹部透视者，应过4周后再怀孕较

为安全。调查表明，在 1 000 个儿童中发现有三色色盲的不少，他们的母亲腹部都曾接受过 X 线照射。因此，妇女平时应尽量减少 X 线的照射机会，怀孕前 4 周内必须禁止照射 X 线。

二、胎教环境的宜与忌

（一）胎儿宜常在阳光中

人们不希望终日生活在阴霾、雾气的笼罩之下，每天早上一抬头就希望看到一个好天气，因为明媚的阳光可以给我们带来一个好心情、好运气，干什么事都高兴。人们对阳光的企盼与“万物生长靠太阳”不无关系，太阳光不仅给我们的生活带来了光和热，带来绿色植物和粮食，而且还能使人体产生维生素 D，进而促使体内的重要元素钙、磷的正常吸收。

孕期妇女由于腹内胎儿生长发育，以及母体自身的代谢变化，需要比正常人更多的钙、磷等营养物质。常常看到一些准妈妈抱怨体内缺钙，腿部抽筋，要求医生为她们开一些钙片服用。其实，她们这样做是舍近求远，因为太阳光简直就是她们取之不尽的营养仓库。只要她们尽可能参加一些户外活动，常晒晒太阳，就能从慷慨的阳光中接受紫外线等光线的照射，增加人体内的维生素 D，以便摄取到她们所需要的更多的钙、磷等宝贵营养物质。

由于阳光中的紫外线具有杀菌消毒的作用，因此准妈妈本身、准妈妈的被褥，以及为婴儿准备的被褥、衣物等用品需常晒晒太阳，以达到消毒防病的目的。天气好时不妨打开窗户，让阳光进入室内，同样可以起到空气消毒的作用。

在阳光下散步、小息是很轻松、舒服的享受，无牵无挂。春夏季节尽量少穿一些衣服，让身体尽量多地暴露在日光下。当然，什么时候晒太阳，应根据季节、时间及每个人的具体情况灵活掌握。例如，盛夏季节，烈日炎炎，完全不必专门晒太阳，因为此时室外活动多，树荫里的散射阳光、马路上的行走就足以满足准妈妈的需要了。一般来说，根据我国的地理条件，春秋季以每天 9～16 时为宜，冬季以10～13 时为宜，此时阳光中的紫外线最为充足。有些人喜欢在室内隔着玻璃晒太阳，其实这样做并不能算是晒太阳，因为阳光中的紫外线不能透过玻璃进入室内。

阳光的照射可使人增加维生素 D 的合成。不仅如此，维也纳人类生物研究所的海尔曼鲍罗辛柯博士披露的一项研究结果还表明，阳光与身高有关。他们在长达 10 年的时间里，调查了 50 万名应征入伍的士兵，将他们 18 岁时的身高作了比较。结果发现，在春天出生的孩子要比在秋天出生的孩子均高出 0.6 厘米，并且 3 月份出生者长得

最高。这种身高的差异归因于阳光。因为在奥地利，3月份是阳光最充足的月份。据研究，人脑底部的松果体对阳光变化十分敏感，往往会根据外界阳光的强弱来调节褪黑激素分泌量的多少。专家们声称，婴儿及怀孕母亲受光照的密集度与褪黑激素之间有一种相互作用的关系。也就是说，如果准妈妈光照足，体内褪黑激素分泌充足，将有利于胎儿的生长发育，将来就可能长得更高些，这可以说是最经济的后代增高法。

（二）胎儿宜在新鲜空气中

空气与阳光一样，是大自然赐于人类起码的生存条件，空气中的氧气直接参与了人体的新陈代谢过程，离开它，人类片刻都不能生存。新鲜空气中氧气含量高，有害物质少，能有效地提高人体血液中的含氧浓度；另外，新鲜空气中的负离子浓度，特别是森林、草坪附近的空气中负离子浓度更高，使人头脑清醒，有助于人体的健康，而对准妈妈自身的代谢及胎儿的生长发育有着更为重要的作用。因此，新鲜空气对于准妈妈来说不亚于一剂良药。

但是随着现代工业的发展，空气污染已成为现代城市难以避免的问题，严重地危害着人类健康。若污染空气中的一些有害的气体随着母体的呼吸进入肺部，则直接参与血液循环，进而进入胎盘血液循环系统，对胎儿的生长发育带来不良影响。因此，准妈妈应有意识地净化生活周围的环境。

首先，要把家庭小环境的空气污染治理好。家庭中的废气来源首推厨房，应在厨房安装抽油烟机，在卧室安装排气扇。做菜尽量少起油锅，少用炒、煎、炸、炝等烹调方法，多用蒸、煮、炖等烹调方法，有可能的话，多用微波炉等无污染的方法来烹调食物。

其次，劝告其家人及客人在室内不要吸烟。室内每天早晚应及时开窗换气，晚上尽量开窗睡觉；如在冬季必须关窗时，可于清晨起床后打开窗户换换空气。

再次，孕期要尽量避免去影院、车站、商店、闹市及交通要道等空气污浊的场所，可以在每天清晨及傍晚到附近公园或树林、草地等空气清新的地方散步，条件允许的话，还可以在周末来一次郊游，到大自然中呼吸新鲜空气，以弥补室内生活新鲜空气的不足。

有些家庭在夏季和冬季经常使用空调器制冷或取暖，但一定要注意应间断使用，切忌长时间在密闭门窗的条件下连续使用。因连续使用易使室内负离子减少，导致空气浑浊，使人感到头晕胸闷，咽喉干燥不适。尤其是在夏天，产妇害怕中暑，更是整日打开空调，这是十分要不得的，易得“空调病”。应定时打开窗户更换新鲜空气。如果室内气温不是太高的话，尽量使用电风扇促使空气流通，一样可起到降温作用。不过电扇不要直对人吹，以免受凉得病。

通常，我们吸入的每一口空气中，20％是氧气，0.04％是二氧化碳。而呼出的气体中，氧气的含量减少到16.4％，二氧化碳含量增加到4.10％。如果空气中的氧含量长期不足，人便会罹患各种疾病；胎儿长期缺氧会导致发育迟缓，体重也较正常胎儿轻。

人的脑细胞是体内最娇弱的细胞，每时每刻都离不了氧。占人体重量2％的大脑需要的供氧量却达人体总氧耗量的20％。如果停止向脑供氧10秒钟，人就会进入昏迷状态；停氧2～3分钟，脑细胞就会不断死亡，此后即使恢复供氧，死亡的大脑细胞也不会复生了。胎儿头部占身体重量的10％～12％，所需氧气的比率比成年人高得多。胎儿脑部缺氧则会发生一系列的后遗症。

1872年，日本北陆的一个隧道里，一列火车发生火灾，烧死了很

多乘客，同时因浓烟而窒息死亡的人也不少。这次被救出来的乘客中有几个是孕妇，后来这些孕妇相继分娩了。在这些出生的婴儿中，人们发现有小头症的婴儿，也就是婴儿脑部发育不良的先天性异常儿。经调查，在这些婴儿母亲和父亲的家族中，都没有出生过小头症的婴儿，孩子的母亲也无不良嗜好，身体状况良好，惟一的原因就是那次火灾中孕妇吸入了大量浓烟，使胎儿一氧化碳中毒，影响了胎儿的大脑发育。

科学家为了证实氧气与胎儿大脑发育的关系，用怀孕的兔子和老鼠做实验。他们将兔子和老鼠置入实验箱内，抽出其中空气以暂时使氧气不足，结果出生的小兔子和小老鼠患无脑畸形症的比例非常高。可见，如果胎儿期母亲发生一氧化碳中毒，哪怕只有短短 1～2 分钟，都将会造成胎儿脑细胞受损、脑发育不良的严重后果，在这种情况下生出小头症弱智儿也就不足为怪了。

这个事例提示准妈妈，应保持卧室、家居中空气的清新，以保证胎儿脑部发育的正常需要。

（三）忌接触微波

微波是一种非电离辐射，它的能量远比电离辐射 X、γ 射线小，它对健康的危害也远比电离辐射轻。微波对人体健康的影响多属于功能性，可以恢复。但是，大强度的长期微波辐射，对人体健康是有不良作用的，主要表现为神经衰弱综合征和对晶状体的影响。

科学家在动物实验中发现，怀孕大鼠在大强度微波辐射下，其胎仔发育迟缓或出现畸形。但这种微波辐射的强度要大到使孕鼠的体温升到 40℃以上，才能使鼠仔发生外观畸形。在一般的常规工作情况下，人体不可能接受如此强大的微波辐射，但我们还是主张以预防

为主，所以应加强微波设备的维护工作，使有漏能的部件和工作位置得到应有的屏蔽。并且建立定期监测微波作业场所漏能情况的制度，随时发现漏能，随时采取防护措施。我们建议妇女在怀孕期的前3个月不要从事微波辐射工作，包括微波理疗。因为怀孕期的前3个月是胎儿的器官形成期，胎儿对致畸危险因素特别敏感，其中包括对药物、化学毒物或其他不良刺激因素。如果工作安排许可，整个怀孕期间从事不接触大强度微波辐照的工作为宜。

同样，准妈妈使用微波炉总体上也是安全的，炉门关上，打开启动程序，其微波的泄漏是极微量的，几乎可以不计。当然，如能在启动微波炉以后，不再近距离地站在跟前，适当远离正在使用的微波炉，等到微波炉结束工作后再开启炉门取或放食物，即可避免这种微波的影响。但还必须强调一点，引起胎儿畸形的原因是多方面的，不能因为某些微波作业人员偶尔发生畸形胎儿，就将此归因于微波辐射的危害。若要下这样的结论，还必须做严密的科学观察。

三、胎教情绪的宜与忌

（一）宜引导怀孕的妻子勾画美好的想象

妊娠早期，丈夫就要多引导妻子接触一些美好的事物，多有一些美好的想法，多做一些有益的活动。妊娠中丈夫除了让妻子多看一些能激发母子情感的书籍或影视片外，还要多与妻子谈谈胎儿的情况，询问胎动，提醒妻子注意胎儿的各种反应；与妻子一起描绘胎儿在“宫廷”中安详、活泼、自由自在的形象；一起猜想孩子的小脸蛋是那么漂亮逗人，体形是那么健壮完美。可别小看这些，要知道，这对

增加母子生理心理上的联系，增进母子感情都是非常重要的。尤其是丈夫要引导妻子去爱护腹中孕育着的胎儿，切不可因妊娠反应、妊娠负担或因肚子大起来影响了外貌、体型，面部出现色素沉着，损害了自己的容颜等，就怨恨腹中胎儿。许多实验都证明，母亲对胎儿有着密切的心理联系，母亲对胎儿有任何厌烦，都不利于胎儿的身心健康。

（二）宜开导怀孕的妻子学会自我放松

对丈夫来说，如果妻子孕后爱发脾气，好与自己吵架，丈夫则不能拉开架式和妻子吵。为了下一代，丈夫理当先克制自己，然后劝妻子克制。丈夫要多给妻子摆事实，讲道理，疏解妻子心中的郁闷。对于发怒的害处，尤其对胎儿的害处，丈夫要多加提醒，每一位妻子都会爱护腹中的胎儿而放弃发火的。

发怒是由强烈的刺激引起的一种紧张情绪。丈夫要尽量避免让妻子受到这种强烈刺激，多创造缓解准妈妈紧张情绪的外环境，引导妻子学会自我放松和自我平衡。同时，丈夫要多开动脑筋，丰富妻子的业余生活，提高妻子的处世能力。

（三）宜关爱体贴怀孕的妻子

妻子妊娠反应时，丈夫要多方面对妻子体贴和照料。既要在精神上给予安慰，又要在物质上做充足的准备。丈夫要多为妻子准备一些适口、清淡、易于消化的食物。丈夫还要尽量说些风趣的话，讲些幽默的故事和笑话，使妻子心情愉快。丈夫在这个时候可不能计较妻子的“无名之火”，千万不能和妻子一般计较。要多陪妻子散步，

让她多呼吸点新鲜空气，这样对胎儿大有益处。丈夫的一片爱心，是妻子消除烦躁心理的一剂良药。爱，能战胜一切困难。

体贴妻子，节制性生活。妊娠前期和后期，夫妻同房易引起流产、早产或阴道感染；在产前一个月性生活频繁，可引起胎儿呼吸困难和黄疸等。妇女在妊娠期对性的要求多半不高，因而节制房事的主要责任在丈夫身上。况且，孕早期和孕后期的性生活的确会引起孩子流产或早产，那样的话，丈夫就可能追悔莫及了；孕中期也不适合太频繁的性生活，因为性生活的压迫，会加重准妈妈腹部的压力，使胎儿受压，而且还会使准妈妈呼吸急促，血流不均，造成胎儿暂时性氧气不足。所以，丈夫多以克制为本，宽大为怀，积极为妻子创造一个安静、舒适的环境，尊重妻子的意愿，帮助妻子顺利度过十月怀胎期。

丈夫对胎教的参与，不仅仅限于辅助妻子，还可以直接对胎儿进行胎教，丈夫贴在妻子的腹部对胎儿讲话，胎儿是完全能听得到的。所以，丈夫除了通过对妻子的爱心来影响胎儿外，还可以直接与胎儿建立联系，使孩子在胎儿期就感受到父爱，会促进日后与父亲建立起亲密关系。

（四）宜宽容怀孕的妻子

当妻子由于妊娠而心情忧郁时，做丈夫的此时可别被妻子的情绪所感染，相反要多体谅和理解妻子。妻子情绪上的变化，很大程度是由生理上的变化引起的，妻子委屈地哭，绝不是两人之间的感情出了什么问题。而对情绪低落的妻子，丈夫要尽量表现出宽容和温馨，引导妻子控制自己的情绪，多为孩子着想，因为低落的情绪对胎儿的发育实在没有什么好处。丈夫要启发妻子对孩子的一片爱心，转移妻子对烦恼事情的注意力。多陪妻子做一些开心的事，和妻子一起读有关书籍，欣赏音乐，和妻子到户外重温一下恋爱时的梦，这样既可以增进夫妻之间的感情，又使妻子心里充满爱意和甜蜜，妻子的这种情感会随时传递给腹内的胎儿，使胎儿在一片爱心中茁壮成长。

（五）宜陪伴怀孕的妻子

分娩前，妻子行动不便，对妻子要多方照料，体贴入微。每日与妻子共同完成胎教的内容。这已到了胎教的最后一课，夫妻一定要把胎教坚持到底。此外，丈夫还需要每日陪妻子活动、散步，这有利于宫缩，但不可让妻子太疲劳了。

丈夫在妻子妊娠中始终扮演着不可缺少的重要角色。如果妻子

在妊娠中遇到了棘手的问题，应鼓励妻子，给她以力量，帮助她树立坚强的信念，这同时也会鼓励胎儿同母亲一起来战胜困难，培养胎儿的坚强性格。准妈妈的心理调适过程，同时也是胎教的过程。

（六）忌心理偏导

1. 忌烦躁心理

怀孕初期，多数准妈妈会有程度不同的妊娠反应，如恶心、呕吐、厌食等，同时还会有气闷、腹胀、腰痛等不适感觉。妊娠反应大多会持续一段时间，这往往会弄得准妈妈心情恶劣，烦闷不堪。而对于那些没有思想准备就怀孕的妇女，心情会更加恶劣，甚至会对怀孕产生不良心理。如果是刚刚建立的小家庭，经济还不宽裕就怀孕了，会让妻子备感恼火，以致对丈夫产生埋怨心理，向丈夫发一些无名之火，弄得丈夫莫名其妙。

妻子应正确认识妊娠反应，保持心情舒畅，情绪稳定，保持心理平衡。平日多想一些愉快的事，多看一些轻松、幽默的书籍，多看一些喜剧片和动画片，这样会缓解一下心理上的烦乱情绪。妊娠的呕吐多是由神经系统紊乱、精神过度紧张造成的。每天到环境优雅的地方散散步，和喜欢的人谈谈天，精神上的放松，使准妈妈体内循环畅通，从而减轻妊娠的不良反应，减轻准妈妈的烦躁心理。

2. 忌担心心理

有的初孕妇女因为对孕后会发生的一切比较陌生，于是对将要发生的事有一种担心和恐惧的心理。准妈妈担心孩子会不会有缺陷，担心自己过去接触过有毒物质会不会对胎儿产生不良影响，患过

病的妇女担心自己服过的药会影响到胎儿的发育，特别是有高血压、心脏病的孕妇，担心怀孕会加重自身病情的同时影响到胎儿的健康成长。高龄孕妇则担心会生个畸形儿，同时又担心分娩时会难产。诸如此类的担心，常使准妈妈处于不良的心理状态中。

由于担心、恐惧、忧虑都会使肾上腺素的分泌增加，如果长期处于担惊受怕，精神持续处于高度紧张之中，通过神经-内分泌机制的调节，肾脏就会分泌大量肾上腺素，而体内肾上腺素堆积过多，会直接影响到胎儿的生长发育。

如果准妈妈有了担心的心理要及时消除，这主要得依靠科学手段，分析症结，及时解决。有遗传病史及高龄的孕妇要随时查看胎儿的发育情况，便于及早发现问题尽快处理。如果准妈妈患有高血压、心脏病等疾病，则应按时到医院就诊，随时听取医生的建议，以保证准妈妈和胎儿的健康。对于一些不必要的担心，准妈妈通过心理咨询就可放下心。

3. 忌依赖心理

有的妇女怀孕后，感情会变得很脆弱，在精神上和心理上都离不开丈夫，对丈夫有一种依赖感，妻子希望丈夫能时刻都在自己身边，和自己一样分享快乐、分担忧患。怀孕是女性生理上和心理上一次巨大衍变时期，这种衍变时常造成妻子心理上的不平衡，丈夫在身边则有一种稳定作用，丈夫的爱是妻子精神上的一种稳定剂。妻子在孕期希望丈夫能以自己为中心，时时关心自己、处处照料自己，这种依赖心理既有生理上的需要，也有感情上的需要，还有一份额外的担心，担心自己形体的变化，会改变自己在丈夫心目中的形象。

作为妻子自身，别变得太娇气，这种娇气可不会给胎儿留下什么

好的痕迹。有了身孕，并不等于什么都不能做了。丈夫对自己必要的关注是应该的，但丈夫有自己的事业和工作，有自己的生活内容。妻子则要体谅丈夫，不要对丈夫有过分的依赖；相反，在很多事情上妻子要学会自强自立，学会在心理上进行自我调适和自我平衡。准妈妈的这种坚强与毅力会直接影响到胎儿的生长发育，在胎儿的心理上埋下自尊自强的种子，为胎儿出生后的良好品质打下坚实的基础。

4. 忌暴躁心理

有的妇女怀孕后，性格变坏，好发脾气，易动怒，喜欢和丈夫或他人找茬吵架，弄得与丈夫、与他人关系紧张。准妈妈发怒，这不仅有害于自身的健康，而且殃及胎儿。准妈妈发怒时，血液中的激素和有害化学物质浓度会剧增，并通过“胎盘屏障”进入羊膜，使胎儿直接受害。发怒还会导致孕妇体内血液中的白细胞减少，从而降低机体的免疫能力，使后代的抗病能力减弱。如果母亲在胎儿口腔顶和上颊骨形成的第7～10周时经常发怒，会造成胎儿腭裂和兔唇。因此，准妈妈发怒贻害无穷。

为了孩子，准妈妈一定要息怒。十月怀胎，是一段漫长的岁月，期间难免遇到让自己气恼的事。当遇到令人气愤的事情，先不必急躁，一则发火是解决不了问题的，再则发火伤害自身，危及胎儿。为此，发火之前还是先克制一下，转移话题或做点儿别的事情，分散分散注意力，这都会使气闷的心理得到缓解。看看电影、听听音乐、散散步、做做操，都会使精神放松，头脑冷静。能否保证遇事不怒，这与一个人的思想觉悟、品德修养密切相关。在孕期的妇女尤其要加强自身的修养，以自身的优秀品质、完善的人格来影响腹中的胎儿，进

而提高胎儿日后的心理素质。

5. 忌猜想心理

胎儿在一天天长大，长到 4 个月后，这个小人物可能就不那么听话了。他在妈妈的腹中来回乱动，不时地踢踢妈妈这里，蹬蹬妈妈那里，好像怕妈妈忘了他似的。其实，妈妈才不会忘了他呢，这个小淘气一乱踢乱动，妈妈就会产生各种各样的猜测：孩子长得什么样，像爸爸还是像妈妈，皮肤是白还是黑，会长得很漂亮吗？想得最多、时间最长的问题就是孩子的性别问题。腹内的胎儿是男孩子还是女孩，这是夫妻最为关心的问题，也是双方家长十分关注的问题。这就会给准妈妈造成一种心理上的压力。准妈妈会想：孩子的性别会如愿吗？不如愿怎么办？

其实，在孩子性别上的多虑是最没有意义的事，孩子是男孩女孩，早在精卵结合的生命之始就已经确定了的，无论想与不想，这都是不以人的意志为转移的。

猜想也好，想象也好，不是什么坏事。关键看怎么想，想什么。积极的、美好的遐想会给胎儿的生长发育以良好的鼓励，消极的、悲观的乱想却会给胎儿以不良影响。因此在孕期，准妈妈不能毫无节制地胡思乱想。

准妈妈要把不必要的猜测换成有意义的想象，这也就是想象胎教。我国自古就有“欲子美好，数视璧玉”之说。现代科学也论证了想不是毫无意义的，想本身是一种念力，这种力会作用于自身，也有作用于他人。因此有人总结：看珠宝玉器，欣赏画，可使胎儿有美感；音乐可融和人心；观看军人队列，听雄壮的乐曲，可有秩序感等，这也就道出了妻子的感受都会影响到胎儿。胎儿心智方面的发展，更有

赖于准妈妈本身文化素质、道德情操的深化。

妻子对未来孩子的猜测与幻想，是一个美好的愿望，也是妻子的一个美丽的梦。对此，丈夫可以加以正确引导，让准妈妈多想一些对胎儿有益的事，消除那些对胎儿不利的想法。不能因胎儿性别，造成准妈妈的心理负担。

妊娠早期，胎儿正在形成的起始过程中，丈夫要多引导妻子接触一些美好的事物，多有一些美好的想法，多做一些有益的活动。妊娠中期，要多想象胎儿美丽与聪明、活泼，想象胎儿在子宫内健康成长。妊娠后期，常想象胎儿是那么可爱与逗人，他在眨着眼睛和你嬉戏。聪颖的胎儿需要在美好的愿望中逐渐长大。

6. 忌羞怯心理

准妈妈到了4～5个月，妊娠反应已消失，孕期的身体处于最佳状态，而且还会比以前更显得容光焕发。这个时候准妈妈的腹部在逐渐隆起，别人已经能明显看出怀孕了。此时，个别的准妈妈有一种羞怯感，不愿见熟人，特别是遇到要好的朋友会感到很难为情。有的准妈妈不喜欢自己的腰宽体胖，为脸上出现的“蝴蝶斑”而恼火。其实，这没不必要。

苗条有苗条的美，宽松有宽松的美，准妈妈也自有一种孕体美，这种美绝不是任何人可以随时就能具有的。在我国，大多数人只能享受一次孕体美，所以准妈妈当好好珍惜，充分享受。至于孕斑，多数人在分娩后自行消失，不必治疗，也用不着难为情。

怀孕不是丑事，不必害羞，参加集体活动，参加好友聚会，可以告诉同伴自己的情况。这样同伴会在多方面给予关心和照料，对于不适于准妈妈参加的活动项目，大家自会给你开绿灯，谁也不会让你为

难。总之，你会发现，怀孕使你变得比任何人都重要，大家都会给予你一份额外的关怀和爱，你的胎儿也处于这种浓浓的友爱之中。

7. 忌热切心理

有的准妈妈实施胎教，有时热望过高，心太切而物极必反，收不到好的效果。例如，有的准妈妈在进行语言胎教时，长时间将耳机放在腹部，造成胎儿烦躁。胎儿生下来以后，变得十分神经质，以致对语言有一种反感和敌视态度。听音乐时，也不能没完没了地听，连准妈妈本人都感到疲惫不堪，那胎儿的感觉也绝对不会好。正如某些父母盼子成龙心切一样，想把胎儿培育得更出色一些，这种心情是可以理解的，但任何事情都有个度，一旦过度其结果就会适得其反，不仅达不到预定的目的，而且会导致不良结果。同样，胎教的每项内容都会使胎儿受益，如果不能适度地对胎儿实施，恐怕胎儿不但不能获益，还会受害。因此，准妈妈对胎儿进行胎教，不能热情过度，心也不能太切。

生育一个健康聪明的孩子，是每一位准妈妈的心愿。胎教正是帮助准妈妈实现这一心愿。为了正确实施胎教，使胎儿真正受益，准妈妈必须认真学习胎教内容，准确掌握胎教的正确方法。在实施胎教过程中，严格按胎教的方法去做，不要认为什么方法比规定的多做一些就会更有效。准妈妈生活要有规律，这既是胎教的一项内容，也是对每位准妈妈的起码要求。每项胎教内容，须按一定规律去做方能成功。例如，抚摸胎教，一天两天不足以和胎儿建立起联系，需坚持长久地、有规律地去做，才能使胎儿领会到其中的含义，并积极地去响应。母亲和胎儿相互配合，相互协作，乐趣无穷。在这种乐趣中，胎儿的发育得到激励，胎儿的心智发展得到激励。准妈妈的信心

和持之以恒，是胎教的成功保证。

8. 忌备物心理

到了妊娠中期，准妈妈的身体、情绪都很好，除了做正常的工作和家务外，准妈妈开始积极准备孩子的东西，为孩子编织毛衣毛裤，购买鞋帽衣衫，缝制童被童垫等，杂乱的事很多，准妈妈总是希望尽可能多地为孩子准备，有的准妈妈甚至连孩子 2 岁用的东西都准备出来，弄得整日忙个不停，得不到良好休息。其实这样做大可不必，为新生儿做点必要的准备是应该的，可好多事情完全可由丈夫或他人代劳，到时候，亲朋好友也会为孩子赠送一些必需品。所以，用不着在这方面太劳神。准妈妈在孕期除休息好以外，应当尽量多做一些对胎儿有益的事情。

9. 忌焦急心理

随着妊娠天数的增加，尤其到了妊娠后期，准妈妈开始盼望孩子早日降生。越往后，准妈妈的这种心理越是强烈，临到预产期，有的准妈妈会变得急不可待了。是的，熬过了漫长的孕期，急着要看看孩子是什么样的，这种心理可以理解，但不可取。要知道，新生儿所具有的一切功能，产前的胎儿已完全具备。一条脐带连接了母子两颗心，无论是在情感上，还是在品性上，母亲都会无可辩驳地影响着胎儿心智的发育。母亲着急，心境不好，也会影响到胎儿在最后一段时间里生活不宁，这实在要不得。

十月怀胎，一朝分娩。分娩是早一天晚一天的事，孩子到时候自会降临，所以根本不必为最后的几天着急。10 个月都熬过来了，不差这几天。准妈妈要安心度过最后几日。要知道，孕期马上就要终止，

准妈妈所能享受的孕育生涯也只有几日之遥,要好好珍惜才对。在孕期的最后一段日子里,教一教胎儿出生后该做的事,给胎儿讲一讲他将要看到的这个大千世界。然后告诉胎儿,父母会爱他,保护他,会给他以安全和保障,父母亲在热切地等待他的安全降临。给胎儿以信心,教胎儿愉快地降生,这同时也在增强准妈妈自身的分娩信心,增加分娩的愉快心理。

10. 忌紧张心理

临产前,准妈妈不仅焦急,而且很紧张。人们称分娩乃女性过生死大关,这种说法对过去很合适,因为过去卫生条件差,医疗设备落后,造成分娩的死亡率很高。现在不同了,如今产妇分娩发生意外事故的极少,先进的医疗水平,完善的医疗设备,完全可以保证母子平安。所以,准妈妈不必紧张,更不必担心。只是要尽量到医院分娩,不要相信一些不科学的偏方,更不可迷信。对于那些有妊娠合并症的人,最好提早入院,医生会针对准妈妈的情况,采取必要的医疗措施,以保证安全分娩。

分娩前期,准妈妈不可多思多虑,对于"高血压怎么办?""心动过速怎么办?"医生自会处理,对于"能否顺利分娩"的问题,更用不着去多虑,还没有发生的事,想它又有什么意义呢?想还没有发生的事,徒然地增添一些精神紧张,这多可笑。准妈妈尤其不要听信别人的说法——分娩如何如何可怕,生活中自有喜欢夸大其词的人,完全不必去听人家的闲谈。准妈妈应该做的,倒是临产前吃好,睡好,养足精神。同时,准妈妈要保持坦然的心态、平稳的情绪、冷静的头脑,以必胜的信心迎接分娩的来临。

四、胎教饮食的宜与忌

（一）宜营养全面

以上我们系统谈了各种营养素的摄入对孕妇的重要性，下面我们集中谈一下准妈妈应该具体多吃哪些食品更好。

1. 牛奶、乳制品、蛋

这些食品中含有蛋白质、脂肪、钙、维生素 A、维生素 B_2 等营养素。准妈妈在怀孕早期每天 2 瓶牛奶加 1 个鸡蛋。妊娠中、晚期多加半瓶牛奶，如果使用脱脂奶粉代替也可，但比例要找好，即 4 大勺奶粉加 1 杯开水（180 毫升），这样基本与 1 杯牛奶相同。

2. 肉、鱼、豆制品

这些食品含蛋白质、脂肪和维生素 A、维生素 B_1、维生素 B_2、维生素 K，与钙结合具有造血功能，促进肌肉的生长。制作的方法是：将鱼和肉各切 1 片，加 1 杯豆浆，为了防止贫血还可以加 1 片猪肝，煮熟。每天需要 200～300 克。

3. 蔬菜、水果、薯类

这些食品主要的营养是维生素 A、维生素 C、微量元素和纤维素。这些食品对人体的吸收消化起着很大促进作用，尤其纤维素可以解除准妈妈便秘问题。每日用量为：绿色或黄色蔬菜各 2 碟，浅色蔬菜 2 碟，薯类（鸡蛋大小）2 个，再加上 1 个水果或 1 杯鲜果汁，就足够了。

4. 粮食、白糖、油脂类

米、麦面粉、面包加上糖、黄油。这些食品含有糖、蛋白质、脂肪等营养成分。其结合特点是比较容易消化，吸收过程简单，同时能产生大量的热能。这些食物的用量是米饭 2～2.5 碗（面包 150 克左右），白糖 2 大汤勺，黄油或一般食油 2 汤勺。

（二）宜多喝牛奶

“一杯牛奶强壮一个民族”，国外的经验值得我们借鉴。牛奶营养丰富，尤以钙的含量高，且特别易被人体吸收，所以是孕期的保健佳品。准妈妈喝牛奶，胎儿受益多。

据测定，在一瓶 227 克装的消毒牛奶中，含蛋白质相当于 55 克鸡蛋，含脂肪相当于 385 克带鱼，含热能相当于 120 克猪肝，含钙相当于 500 克菠菜，含磷相当于 300 克鸡肉，含维生素 A 相当于 125 克活虾，含维生素 B_2 相当于 225 克羊肉。

牛奶具有阻止人体吸收食物中有毒的金属铅和镉的功能，能减小胎儿吸收这类有毒物质的风险；酸奶和脱脂奶更可增强免疫功能，防止孕期感染；牛奶中含有丰富的钙质和有利于钙吸收的维生素 D，能有效地补充母体钙质，增强骨骼和牙齿，减小胎儿缺钙风险；牛奶中的钾更可使动脉血管壁在血压高时保持稳定，降低准妈妈妊娠高血压时的危险性；牛奶中的镁能使心脏和神经系统耐疲劳；碘和卵磷脂能大大提高大脑工作效率；酪氨酸能促进快乐激素——血清素大量生长，促使孕期的母亲保持良好体力、脑力和情绪；牛奶中的锌能促进胎儿大脑发育；铁、铜和维生素 A 有美容作用，使皮肤保持光洁；维生素 B_2 可提高视力；喝牛奶还可防止动脉硬化等。

最新的研究发现，牛奶中含有对机体生理功能具有调节作用的肽类，可以发挥类似鸦片的麻醉镇痛作用，使全身产生舒适感，又不会成瘾。临睡前喝一杯牛奶，既可以补充营养，又能使准妈妈情绪稳定，促进睡眠，减少发生失眠的可能，有利于胎儿的发育成长。

由此可见，准妈妈常喝牛奶，无论是母体还是胎儿确实受益匪浅。因此，只要有条件的地方，孕妇最好能保证每日 2～3 袋牛奶，以满足母子健康的需求。

（三）宜多吃核桃

中医学认为，核桃甘温，有温肺、补肾、益肝、健脑、强筋、壮骨、润肠通便的功能，常用来治疗肾虚喘咳、腰痛脚弱、阳痿遗精、耳鸣、小便频数、石淋、带下、大便干燥等。民间对核桃的赞誉也很多，在我国民间一向享有“长寿果”的美称，“母食核桃儿补脑”则是对核桃功用的赞誉之一。

核桃又名胡桃，它的营养价值和药用价值都很高。100 克核桃仁可产生 2 623 千焦热能，是同等重量粮食所产热能的 2 倍；每千克核桃仁相当于 5 千克鸡蛋和 9 千克鲜牛奶的营养价值。核桃仁中的不饱和脂肪酸含量高，有降低血中胆固醇的作用，其中的亚硝酸盐还是理想的肌肤美容剂。核桃仁中的磷脂具有增长细胞活力的作用，可提高脑神经功能，增强机体抵抗力，并可促进造血和伤口愈合。

优质核桃不论是生嚼还是熟食，营养价值和口味都不错，对生长发育中的胎儿大脑确有滋补作用。尽管如此，由于核桃油性大，准妈妈还是不宜食用过多，以防“败胃”。

（四）宜饮矿泉水

现在市场上的水层出不穷，花样不断翻新，有纯净水、超纯水、太空水、蒸馏水、离子水、富氧水、矿泉水，还有各种果汁、汽水等，不胜枚举。而且，很多水都是以“健康新概念”的面目出现的。那么，准妈妈究竟饮什么水对胎儿最有好处呢？

众所周知，水是人体最不可缺少的。一个人体重的60%以上是水分，它以血液、组织液、细胞浆等形式存在于整个人体中，进行着复杂的生命代谢。若人体发生缺水，则有关细胞的活力会降低，甚至缺氧，发生细胞衰变、死亡。

纯净水、超纯水、太空水等，都属超纯水，只是称呼上的不同。它们的优点在于没有细菌，没有病毒，干净卫生，但其缺点是水分子凝聚成线团状，不易被人体细胞吸收，大量饮用时，还会带走人体内有用的微量元素，从而降低人体的免疫力，容易产生疾病，对胎儿不利。所以准妈妈不宜喝这类水。

蒸馏水是普通水通过蒸馏而成，一些低沸点的有机物被蒸馏，包括一些有毒的有机物仍有可能留在水中，因此其纯度不如纯净水，而且有用的微量元素也含的不多，因此不宜作饮用水。

饮料的品种更是繁多。虽然某些饮料中含有一些营养物质，但其含量很有限，即使含乳饮料，其蛋白质也不过是1%，远不如牛奶的3.3%和鸡蛋的14.7%，因而准妈妈不可能从饮料中获取足够的人体所需营养素，充其量只是为人体补充水分。有的饮料中含有色素或防腐剂，这些成分对人体有害无益。所以，准妈妈应慎重选择饮料，尽量不喝或少喝这些饮料。目前，国内有的城市已发出通知，呼吁中学生不要喝所谓的纯净水、太空水。笔者以为通常情况下，还是喝干

净的自来水或矿泉水为好。

有些人认为，人体所需的微量元素可以从食物中摄取，水只需无菌即可，而有些专家反对这种说法。因为有研究显示，现在的蔬菜中含有的微量元素比50年前要少了许多。问题是目前矿泉水所含的无机盐种类并不多，因而并不能完全满足人体所需。所以，多喝一些含无机盐多的水对人体还是非常必要的，选择既纯净又富含无机盐的水，对准妈妈尤其有利。但必须清楚，仅仅通过短期的饮用是不可能起到实质性的药理效应的，只有长期饮用，对人体才有明显的营养保健作用。因此，饮用桶装的矿泉水还是可行的。

（五）宜多吃鱼

多少年来，人们一直认为是劳动开发了人的智慧，劳动创造了人。伦敦动物园纽费尔德比桥医学研究所的营养生物化学权威学者克劳·福特教授经过数年研究，最近提出了一个奇特的理论：人类是由于吃了江河湖海中的鱼才进化成具有高度智慧、脑容量大的动物。福特教授认为，不良的饮食会损害脑力，只增加体重而不增加脑重。最佳的健脑食物含有较多的不饱和脂肪酸，鱼和贝类就含有较多的不饱和脂肪酸。制造脑细胞有赖于这些不饱和脂肪酸，而身体其余部分的生长则需要蛋白质。由于食物中缺鱼，巨大的草原动物用蛋白质构成了它们硕大的身躯，而没有增大其脑容量。

胎教的长远意义，正是优化人种，提高大脑的智力水平。如果准妈妈在怀孕时多食鱼，无疑对胎儿大脑的发育是有好处的。所以要常吃鱼，会吃鱼。

鱼的种类繁多，既有海水鱼又有淡水鱼，但不论海水鱼还是淡水鱼，所含的营养成分都大致相同。鱼肉味道鲜美，鱼汤香醇可口，是

人们喜欢食用的食物。

据研究认为，经常吃鱼的孩子生长发育比较快，智力发展也比较好；经常吃鱼的人身体比较健壮，寿命也比较长。其中的奥妙就是因为鱼类具有以下营养素：

1. 含有十分丰富的完全蛋白质

鱼肉含有大量的蛋白质，如黄鱼含 17.6%，带鱼含 18.1%，鲢鱼含 11.6%，鲤鱼含 17.3%，鲫鱼含 13%。鱼肉所含蛋白质都是完全蛋白质，而且蛋白质所含必需氨基酸的量和比值同人体的相似，最适合人体需要，容易被人体消化吸收。

2. 脂肪含量较低，且多为不饱和脂肪酸

鱼肉的脂肪含量一般比较低，除鲥鱼、鳊鱼比较高以外，大多数只含 1%～4%，如黄鱼含 0.8%，带鱼含 7.4%，鲐鱼含 7.4%，鲢鱼含 4.3%，鲤鱼含 5.1%，鲫鱼含有 1.1%，鳙鱼（胖头鱼）只含 0.9%，墨斗鱼只含 0.7%。鱼肉的脂肪多由不饱和脂肪酸组成，不饱和脂肪酸的碳链较长，具有降低胆固醇的作用。

3. 无机盐、维生素含量较高

海水鱼含碘较丰富，每千克鱼肉含碘高达 500～1 000 微克，淡水鱼每千克鱼肉也含碘 50～400 毫克。还含有磷、钙、铁等无机盐。鱼肉还含有大量的维生素 A、维生素 D、维生素 B_1 和烟酸，这些都是人体所需要的营养素。

另外，鱼肉的肌纤维比较短，蛋白质组织结构松软，水分含量比较多，因此肉质鲜嫩。鱼肉和畜禽肉相比，吃起来更觉鲜嫩爽口，也

更容易被消化吸收。与陆生动物相比，鱼肉中含游离氨基酸、牛磺酸和氧化三甲胺等较多，这些含氮浸出物大都是具有爽口鲜味的物质。但是，当鱼的鲜度下降时，氧化三甲胺即可被细菌的还原酶分解为三甲胺，散发出腥味。海鱼的氧化三甲胺含量高，一旦不新鲜时腥味也就更大。因此，鱼的保鲜是很重要的。三甲胺可以与酸起反应，故在烹调时放些醋，同时放适量黄酒（料酒）、葱、姜、蒜，即可有助于挥发去除腥气。鱼肉中的结缔组织不但含量比畜禽肉少，而且会在较低的温度下分解，失去其原有的硬韧特性，所以鱼肉更为柔嫩易熟。如果烹煮时间过长，反而变得硬韧起来，降低消化率。

鱼的吃法有红烧、清炖、油炸、糖醋，做法有炒鱼片、烧鱼块、烧鱼丸等，可根据个人喜好、习惯等料理。一般夏天以清炖为好，比较清淡，不影响食欲。

（六）宜喝蜂王浆

蜂王浆是蜜蜂中的工蜂咽腺分泌的乳糜样的王浆，性平，味甘、酸，富含葡萄糖、核糖、蛋白质、氨基酸、脂肪、乙酰胆碱及丰富的维生素和多种酶。此外，还含有促性腺样物质和抗生素类物质，能加强机体抵抗力及促进生长，有滋补强壮作用，一般用于病后体衰、小儿营养不良、慢性肝炎、消化道溃疡病、高血压病、心血管功能不全、糖尿病、风湿性关节炎、性功能低下等的辅助治疗。

近年来，对人和动物大脑的研究结果证实，神经胶质细胞和人的思维、记忆、计算和判断力紧密相关。神经胶质细胞是由特殊的蛋白质及多种氨基酸组成的，它主要来源于动物蛋白质。蜂王浆能给大脑组织提供神经胶质细胞合成的重要原料，同时还能给神经胶质细胞提供营养，增加神经胶质细胞的数量，随之也提高了人的智力。妇

女妊娠后需要从食物中摄取足够数量的优质蛋白质，供胎儿生长发育之用。特别是3～4个月的胎儿，正是脑神经细胞开始形成和增殖的时期，非常需要营养；到了孕6个月至出生后的一段时间内，又是脑神经细胞的激增期，且脑神经细胞发育具有一次完成的特点，故准妈妈若能摄取适量蜂王浆，使该营养素通过胎盘进入胎儿体内，就可促进胎儿脑组织细胞的生长发育。

市场销售的蜂王浆有多种剂型，有鲜王浆、冻干蜂王浆粉剂、胶囊剂、王浆口服液等。其中，从保鲜度、品质、口感和剂量掌握来看，以冻干粉胶囊剂型为佳。口服每次1～2粒(250毫克/粒)，每日2～3次。

(七) 忌口重

不少妇女在妊娠期间由于妊娠反应而致口淡无味，喜进咸食。由于准妈妈在生理上的特殊变化容易引起体内水钠潴留，因此有的

专家警告,过咸食物对准妈妈和胎儿有害。这是因为,如果进食盐分太多,会加重体内水钠潴留而出现水肿,增加心和肾脏的负担,对准妈妈的心、肾功能不利,会诱发妊娠高血压综合征,不利于胎儿生长发育。因此,准妈妈必须限制食盐摄入量。

值得注意的是,提倡准妈妈吃淡些,并不是说越淡越好。近些年,有人在食盐对身体有害的警告下,开始以蒜代盐。美国印第安那州州立大学的一项研究证明,正常人在摄入大量食盐后,血压没有一直上升到高血压的最低限。食盐进入人体即分离成钠离子和氯化物离子,氯化物保持细胞及周围水的平衡,这对生命至关重要,钠离子帮助控制血的含量及血压,对于心脏和肌肉的收缩是非常重要的。同时,肾脏能防止我们所摄入的过多的食盐留在体内。当食盐过量时,肾脏就会过滤、排泄,当缺少食盐时,肾脏只排泄水而保留钠。不难看出,以蒜代盐是不可取的。

如果准妈妈体内缺盐,甚至几乎没有盐,那么准妈妈就会发生肌肉痉挛、恶心、抵抗力降低,母腹中的胎儿也将深受其害。专家们指出,中等量的食盐摄取量是每日 4～10 克,这其中 1～2 克的食盐应来自含有钠的食品,另一部分则靠我们做饭做菜时添加进去。对准妈妈来说,只要饮食稍淡些,每日食盐不超过 5 克即可。其实,为了防止水肿而进食低盐食物,由于味淡反而影响食欲,减少进食量,有得不偿失之感,倒不如用中等量的食盐,既食之有味,又保证营养更丰富更合理。

(八) 忌缺乏脂肪

脂肪是构成脑组织的极其重要的营养物质,在大脑活动中起着重要的不可替代的作用。脂肪占脑重的 50%～60%,其来源大多数

要依靠从食物中摄取，体内只能制造一小部分，因此要想有一个聪慧的头脑，脂肪不可缺少。

脂肪的主要来源：我们日常生活中食用的豆油、菜油、花生油、芝麻油等植物油和猪油、牛油、羊油等动物油，还有核桃仁、鱼、虾、动物内脏等。有些学者认为，大脑发达的程度还与摄取脂肪的质量相关，应多摄取一些不饱和脂肪酸，它主要来自动物性脂肪。新鲜、质地好的家禽中含有大量的脑所需要的不饱和脂肪酸，它比饲养的动物更富于健脑作用，还有鱼、虾类水产物，如沙丁鱼、秋刀鱼、鳝鱼、鲤鱼、鲑鱼、青花鱼等。

（九）忌缺乏蛋白质

蛋白质这个名称最早是由荷兰化学家马尔德 1938 年开始使用的。因为它对有生命的物质结构、功能和大脑发育起着很重要的作用，所以把它的希腊名字翻译成中文为“头等质量”，顾名思义我们就知道蛋白质对人体的重要性了。蛋白质存在于所有的生物体内，从高等动物到低等微生物，从人类到最简单的生物病毒都含有蛋白质。

从人体来说，蛋白质的含量占总重量的 30%～35%，我们的皮肤、肌肉、内脏、毛发、韧带、血液等都是以蛋白质为主要成分，更为重要的是，蛋白质是人的大脑复杂智力活动中不可缺少的基本物质，如果在胎儿期蛋白质供应严重不足会引起胎儿大脑发育障碍，将严重影响出生后的智能水平。蛋白质如此重要，可是我们自身却不能合成。植物通过吸收阳光、水、土壤和空气就能合成蛋白质，而我们人却没有这种能力，不能靠晒太阳和喝水来维持生命和脑发育，必须吃饭，靠饮食得到蛋白质。

蛋白质分动物蛋白和植物蛋白两种：动物蛋白如肉、鱼、蛋等，植

物蛋白主要是豆制品。过去有不少人认为植物蛋白不如动物蛋白营养价值高，因此忽视了植物蛋白的摄入，其实这是一个很大的损失。大豆制品不但味道鲜美，而且对胎儿大脑发育有着特殊的功能。

早在 1954 年 7 月，周总理参加“日内瓦会议”时曾举行招待会，当时北京名厨范俊康制作的“口袋豆腐”被外国人称为“终身难忘的美味”。而今中国的豆制品已被世界公认为是健康益智的最佳食品。美国《经济展望杂志》预言：“未来十年——最成功、最抢手的食品是中国豆腐。”目前在美国市场最热门、最抢手的食品是豆制品，因而中国的餐馆也因出售美味的豆制品备受美国人的青睐。曾有人统计，1990 年美国豆制品销售额高达 10 亿美元。现在豆制品已经风靡海内外，这不仅是因为豆制品的味鲜美，更主要的是人们认识到它具有很好的健身益智的作用。

大豆就是我们平时所说的黄豆，它所含的蛋白质可达 36.3%，比鸡蛋高 3.5 倍，比牛肉高 2 倍，比牛奶高 13 倍。更主要的还是大豆本

身含有人体必需的而又不能在体内合成的 8 种氨基酸，如赖氨酸占 6.86%，蛋氨酸占 7.56%，色氨酸占 1.28%，苯丙氨酸占 5.01%，苏氨酸占 4.31%，亮氨酸占 7.72%，异亮氨酸占 5.10%，缬氨酸占 5.38%。

因此，怀孕期间的妇女多食用豆制品是非常必要的，而且对本身的健康也大有益处，它可以预防新陈代谢紊乱、贫血、肌肉萎缩、营养不良性水肿、脱发等。不仅如此，更重要的是对胎儿的大脑发育有重要作用。营养学家研究认为，大量食入豆制品可使人的头脑变得聪明。美国营养学家可尔曼经过长期研究发现，豆制品中含有大量脑磷脂，这种物质越多，脑神经传递信息就越快，可以增强人的记忆力。也就是说，孕期妇女要多吃豆制品食物，才能促进胎儿脑细胞内部结构生长的旺盛，从而提高胎儿的智力。

这里我们介绍一个南朝鲜的天才金雄熔的故事。金雄熔生于 1963 年，是世界上著名的天才儿之一。生后 100 天就能说一些简单的话，第 5 个月就能背一些动、植物的名称。第 8 个月开始上学，有超人智力的金雄熔在 3～4 岁时就能掌握相当程度的英语和德语，在数学方面也表现出惊人的天分，他先后学会了解方程、三角、几何、微积分等。4 岁进入韩国汉城大学，他的非凡天才轰动了全世界，许多国家对此进行研究分析，像金雄熔这样的天才儿是怎样养育而成的呢？金雄熔的母亲在她的《提倡植物食物》一文中曾提出：“许多医学家认为准妈妈的营养应以动物性食物为主，这可能对准妈妈和胎儿的健康有益，但是，为了使孩子头脑聪明还是应该吃植物性食物，它对胎儿不会产生任何不良影响。以植物食物为主的孕妇所生的新生儿可能比普通新生儿小些，但骨骼和身体各部结构都非常结实。大脑皮质沟回因为有充足的营养而大量增加，褶沟也更加粗犷。”“但是这并

不是说不能吃动物性食物，可以每3个月为一周期，吃些肉食，为胎儿提供足够的营养物质。因为营养不足会使大脑细胞中的沟回萎缩，食用了肉食，脑细胞就会快速地成长，此后可以再改为吃植物性食物。采取这样交替饮食方法就可以大大增长孩子的记忆力。”

通过这样一个事例说明了营养，特别是植物蛋白与智力的关系是十分重要的，天才儿智力的物质基础应该说是脑细胞的数目、结构、功能的发育，尤其是在妇女怀孕晚期即最后3个月是胎儿脑发育最旺盛的时期，年轻的母亲们千万要抓住这一关键时期。

（十）忌缺乏糖类

脑是消耗能量的器官，虽然脑重只占体重的2%左右，但脑的消耗能量却占全身总热能的20%。糖类是大脑活动能量的来源，具有刺激大脑的活动能力的作用，其原因是由于大量的糖类能刺激胰岛素分泌增加，使血液中色氨酸含量提高，色氨酸又可刺激5-羟色胺的产生而增强了大脑神经原的活动，提高智力。有人称糖类为“慢性糖”，是因为它能将能量细水长流地提供给大脑，是大脑供能的最佳源泉。但是，如果摄入过多又会损害脑的功能，容易造成神经敏感和神经衰弱等各种大脑障碍，孩子出生后易哭闹，吃奶差等。所以，妇女在妊娠期间摄入糖量要适度。糖类的正常摄入要根据体力劳动强度来定。

（十一）忌缺乏维生素

1. 忌缺乏维生素C

维生素C在胎儿脑发育期起到提高脑功能敏锐的作用。

一项研究证实，人脑是人体含维生素C最多的地方，孕期妇女充足的摄取维生素C，可以提高胎儿的智力。但是，维生素C需要量大而利用率低，容易因摄入不足而引起维生素C的缺乏。另外，维生素C对热、碱、氧都不稳定，所以一般蔬菜烹调可以损失30%～50%，因此准妈妈除每日摄入足量的维生素C(100毫克)以外，还要注意合理的烹调，以防造成维生素C的缺乏。

美国营养学家库巴拉和卡兹曾经对人群抽样调查后，得出以下结论：血液中的维生素C的含量与智能有着密切关系，胎儿出生后自身合成维生素C能力在10个月后迅速下降，到1周岁时几乎全部丧失。若不注意从饮食中供给维生素C，则可能使大脑发育不良，甚至导致脑功能紊乱。由此可见，准妈妈摄入充足的维生素C对胎儿的发育很重要。

2. 忌缺乏维生素A

维生素A又名视黄醇，主要存在于海产鱼类肝脏中。植物组织内存在的β-胡萝卜素在人体肠内可还原成维生素A，成为维生素A来源的另一途径。人若缺乏维生素A，就会在暗光下看不清四周的物体，出现夜盲症。维生素A还能促进机体生长及骨骼发育。另外，维生素A具有维持上皮组织健全的功能。

妊娠期内胎儿机体生长发育，以及母体各组织的增加和物质储备均需要大量的维生素A。动物研究发现，妊娠期维生素A缺乏，可引起流产、胚胎发育不良，幼年动物生长停滞及骨、齿形成不良。维生素A严重不足时，可导致动物骨骼和其他器官畸形。但摄入过量的维生素A，同样有可能引起胎儿畸形和影响胎儿的正常发育。

鉴于以上原因，我国营养学会推荐准妈妈维生素A的供给量标

准与非妊娠妇女一致，皆为 1 000 微克当量视黄醇，即 3 300 国际单位。

维生素 A 最好的食物来源是各种动物肝脏、鱼肝油、鱼卵、牛奶、禽蛋及核桃仁等；胡萝卜素的良好来源是有色蔬菜，如菠菜、胡萝卜、豌豆苗、辣椒、甜薯、韭菜、雪里红、油菜、苋菜、茼蒿，以及杏、芒果等。

3. 忌缺乏B族维生素

许多营养学家认为，B 族维生素对大脑的功能有着间接的作用，B 族维生素包括维生素 B_1、维生素 B_2、维生素 B_6、烟酸、维生素 B_{12} 等，它们对人体的作用十分广泛，而对脑的作用则是通过帮助蛋白质代谢而促进脑活动的，也就是说 B 族维生素对脑的作用是它与蛋白质共同作用的结果。我们已经知道，蛋白质是脑功能活动的重要物质，蛋白质代谢是脑功能活动的重要物质基础，蛋白质代谢是智力活动的物质基础，因此 B 族维生素充当着脑力活动的重要助手，是不可缺少的。许多研究证明，孕期妇女缺少 B 族维生素，可造成胎儿精神障碍，出生后易出现哭闹、不安、烦躁等症状，还可以引起胃肠蠕动减弱、便秘、消化液分泌减少、食欲减退等症状，并且加重了孕妇的早孕反应，使母体对营养的吸收更差，造成胎儿各方面营养缺乏，从而严重地影响脑的发育，影响胎儿今后的智力。因此，怀孕的妇女一定要注意 B 族维生素的摄取，尤其是 B 族维生素还有减轻早孕反应的作用。

4. 忌缺乏维生素E

维生素 E 又名生育酚，广泛存在于绿色植物中，动物体内仅含微

量。维生素 E 能促进人体新陈代谢，增强机体耐力，维持正常循环功能；还是高效抗氧化剂，保护生物膜免遭氧化物的损害；还能维持骨骼、心肌、平滑肌和心血管系统的正常功能。此外，维生素 E 与维持正常生育有关。

维生素 E 缺乏的临床病例，几乎完全局限于早产婴儿。可见，准妈妈保证维生素 E 的供给是非常必要的。研究认为，维生素 E 缺乏与早产婴儿溶血性贫血有关。早产儿发生溶血性贫血时用 α-生育酚治疗，维生素 E 缺乏产生的水肿、过敏和溶血性贫血等症状即可消失。为了使胎儿贮存一定量的维生素 E，孕妇应每日多加 2 毫克摄入量。

维生素 E 广泛分布于植物组织中，特别良好的来源为麦胚油、棉子油、玉米油、菜子油、花生油及芝麻油等。莴苣叶及柑橘皮含 α-生育酚也很多，几乎所有绿叶植物都含有此种维生素。此外，猪油、猪肝、牛肉，以及杏仁、土豆中也含有维生素 E。只要准妈妈在饮食上做到多样化，维生素 E 就不会缺乏。

5. 忌缺乏维生素 D

维生素 D 是类固醇的衍生物，具有抗佝偻病作用，被称之为抗佝偻病维生素。维生素 D 可增加钙和磷在肠内的吸收，是调节钙和磷的正常代谢所必需的，对骨、齿的形成极为重要。

人体每日维生素 D 需要量为 10 微克，实际上成年人每日经日光中紫外线照射即可合成足量的维生素 D。准妈妈由于晒太阳机会少些，加上胎儿对维生素 D 的需求，因此准妈妈食物维生素 D 供给量应增加。维生素 D 缺乏时，准妈妈可出现骨质软化。最先而且最显著发病部位是骨盆和下肢，以后逐渐波及脊柱、胸骨及其他部位。严重者可出现骨盆畸形，由此影响自然分娩。

维生素 D 缺乏可使胎儿骨骼钙化，以及牙齿萌出受影响，严重者可导致先天性佝偻病。

为了预防小儿佝偻病，母亲在孕期应采取以下几种措施：吃含有维生素 D 的食物，如动物肝脏、蛋黄，常到室外晒太阳，适当参加劳动。怀孕后半期和哺乳期妇女，应口服维生素 D_2，每日 1.5 万单位，或每月注射维生素 D_2 1～2 次，每次 40 万～80 万单位。低血钙抽筋准妈妈应及时治疗。

但是，长期大量服用维生素 D 可引起中毒。成人每日摄入 2 300 微克，儿童每日摄入 1 000 微克维生素 D 都可造成食欲下降、恶心、呕吐、腹痛、腹泻等。因此，对含维生素 D 的食品不可过量食用。

富含维生素 D 的食品有鱼肝油、鸡蛋、鱼、动物肝脏、小虾等。准妈妈只要能正常食用这些食物，就可保证维生素 D 的供给。

6. 忌缺乏维生素 K

维生素 K 是正常凝血过程所必需的。维生素 K 缺乏与机体出血或出血不止有关。因此，维生素 K 有“止血功臣”的美称。它是经肠道吸收，在肝脏能生产出凝血酶原及一些凝血因子，而起凝血作用的。若维生素 K 吸收不足，血液中凝血酶原减少，易引起凝血障碍，发生出血症。妊娠期如果缺乏维生素 K，其流产率增加，即使存活，由于其体内凝血酶低下，易出血，或者引起胎儿先天性失明和智力发育迟缓及死胎。

因此，准妈妈应注意摄食富含维生素 K 的食物，以预防产后新生儿因维生素 K 缺乏引起颅内、消化道出血等。故准妈妈在预产期前 1 个月，尤其要注意每天多摄食富含维生素 K 的食物，如菜花、白菜、菠菜、莴苣、酸菜等，必要时可每天口服维生素 K_4 1 毫克。

（十二）忌缺乏叶酸

美国科学家最新发现，准妈妈体内叶酸缺乏是造成早产的重要原因之一。叶酸缺乏引起的流产或早产，采用其他任何措施都难以避免，因此无论哪种情况造成的早产，都可以多摄取叶酸，即便是其他原因造成的早产，吃些叶酸也并无害处。

动物研究结果表明，妊娠期叶酸缺乏可引起胎儿的多种畸形，包括唇裂、面部缺损、并指（趾）、骨骼畸形，还有泌尿系统、心血管系统、肺及眼部畸形。

人类需要叶酸，其中胎儿更需要叶酸。有人观察17名因长期缺乏叶酸而患巨幼红细胞性贫血孕妇中有5人分娩的婴儿具有严重的出生缺陷。分娩畸形胎儿的孕妇，叶酸缺乏者占52%，而分娩正常胎儿的孕妇叶酸缺乏者仅占17%。叶酸有抗贫血性能，还有利于提高胎儿的智力，使新生儿更健康、更聪明。

科学家在研究中发现，先天愚型患儿细胞内有一个有缺陷的X染色体，在体内叶酸不足的情况下，有缺陷的染色体末端模糊部分就出现一个可见的裂隙。已证实在10%～30%患儿的细胞内，X染色体存在着受损区。实验充分证明，叶酸是传导神经冲动的重要化学物质，孕妇一旦缺乏它，除可引起巨幼红细胞性贫血外，还会导致脑神经受损。

实验还发现，大量投入叶酸、维生素A、维生素C、维生素D和多种无机盐，在开始的4个月内，能将智力迟钝的治疗组患儿的智商提高，与服用安慰剂的对照组患儿相比，智商提高5～10，其中以先天愚型患儿的效果最为显著，智商可提高10～25，同时其他体征方面也有好转。这说明，叶酸在防止先天愚型儿方面很有效果。我们可以在

准妈妈饮食中适量补充叶酸，其作用是从根本上防止先天愚型儿的产生，提高人的素质和有利优生。

叶酸含量较高的食品有动物肝脏，植物食品有多叶绿色蔬菜、豆类、谷物、花生等。

（十三）忌缺乏钙和微量元素

1. 忌缺钙

钙是人体骨和牙齿的主要成分。此外，钙能降低毛细血管和细胞膜的通透性，防止渗出，控制炎症和水肿；钙能降低神经肌肉的兴奋性，对心肌有特殊作用，有利于心肌收缩，维持心跳节律。成年妇女体内约有 1 000 克钙，妊娠后期胎儿体内约有 30 克钙，胎盘含 1 克钙，此外母体尚需贮存部分钙，总计增加钙 50 克左右。这些贮留的钙均需由妊娠期膳食予以补充。准妈妈如果长期缺钙或缺钙程度严重，不仅可使母体血钙降低，诱发小腿抽筋或手足抽搐，还可导致准妈妈骨质疏松，进而产生骨质软化症，胎儿亦可能产生先天性佝偻病和缺钙抽搐。

孕早期，母体中钙贮留极少；孕中期也不多；自孕 7 个月开始每日贮留钙 200～300 毫克，孕 8 个月胎儿牙齿和骨骼加速钙化，每日可贮钙达 280～300 毫克。我国营养学会推荐准妈妈每日钙供给量标准，孕中期为 1 000 毫克，孕晚期为 1 500 毫克。

许多食品都含钙。含钙丰富的食品，以奶和奶制品为佳，不仅钙的含量高，而且吸收率也高。其次鱼罐头（连骨均可食入）、鱼松（连鱼骨粉）、小虾皮等，亦是钙的良好来源。此外，豆类及其成品亦含有较丰富的钙。有些蔬菜如菠菜、苋菜等，虽然含钙较多，但因含草酸

盐甚高，与钙易形成不溶性草酸钙而不利于钙的吸收。粮谷类食品则因含植酸盐高，亦不利于钙的吸收和利用。此外，核桃仁、榛子仁、南瓜子等也含有较多的钙，准妈妈可以适当增加食用量。准妈妈还可以在医生指导下服一些钙片和维生素D，也有益于钙的吸收。

2. 忌缺锌

大量动物实验结果表明，锌缺乏所引起的动物出生缺陷主要是生长停滞或迟缓、骨骼畸形、死产、早产等。人类妊娠早期缺锌，同样能出现新生儿出生缺陷。研究还发现，患有先天性心脏病，如室间隔缺损、主动脉狭窄及尿道下裂、睾丸发育不良（如隐睾）、骨骼及肾脏畸形、先天性中枢神经系统畸形等缺陷的新生儿，其母亲妊娠期血液中锌水平明显低于分娩正常胎儿的孕妇。并指出，锌缺乏对新生儿畸形的作用并不是分娩期缺乏的结果，很可能早在受孕或胚胎形成早期便受到影响。观察孕妇血液中锌水平下降的情况发现，妊娠20天左右血清锌浓度即开始下降，并于20～60天下降幅度最大，随后降低速度减缓。

然而，胚胎发生、分化过程中对致畸源最为敏感的器官形成期也是在妊娠的20～60天。因此认为，人体器官形成期血清锌水平的急剧下降必然提高胚胎对致畸因素作用的敏感性，从而增加了胎儿先天畸形及自发流产的可能。

在中国营养学会妇幼营养专题学术会议上（1986年），中国预防医学科学院营养与食品卫生研究所陈学存教授指出，胎儿缺乏锌会影响大脑发育，影响智力，产生低体重，甚至会出现畸形。

大量实验研究调查结果表明，妊娠妇女缺锌对新生儿会产生多种缺陷，因此准妈妈禁忌缺锌，以减少新生儿的缺陷。

膳食锌的摄入量受食物来源、种类的影响，以牡蛎含锌量最高，其他海味和肉次之。具体讲，以下食物含锌比较高：植物食品有黑芝麻、油面筋、白糯米、黄豆、毛豆、紫菜等；动物食品有猪心、猪肋排、猪蹄膀、猪腿肉、猪肝、猪舌、羊肉、酱鸭、咸鸡蛋、鲫鱼、河蟹、海蟹、河蚌、田螺等，还有酱油、啤酒等。准妈妈应多选吃这些食品，以补充足够的锌。

3. 忌缺碘

碘是甲状腺素组成成分。甲状腺素能促进蛋白质的生物合成，促进胎儿生长发育。妊娠期甲状腺功能活跃，碘的需要量增加，这样就易造成妊娠期碘摄入量不足或缺乏，特别是我国有很多地区属于缺碘区，更易造成准妈妈缺碘。准妈妈缺碘易发生甲状腺肿大，并影响胎儿的发育，严重时新生儿出现“克汀病”。该病的发生以胎儿胚胎期缺碘为关键。其临床上有疲乏、无力、畏寒、嗜睡、对外界兴趣不大等代谢和循环功能性变化，骨骼发育异常，脑发育缺陷及延迟，皮肤干而成鳞片状，毛发、指甲无光泽、脆弱等。为了准妈妈本身的健康和胎儿的正常发育，准妈妈必须注意不可缺碘，尤其在缺碘地区更要有意吃些含碘丰富的食物。

最好的补充碘食品为海产品，如海带、紫菜、鱼肝、海参、海蜇、蛤等，甜薯、山药、大白菜、菠菜、鸡蛋等也含有碘，均可适量多吃一些。如果用碘化盐补充碘时，需注意不可用大量，以免引起产后甲状腺肿或合并甲状腺功能低下。

4. 忌缺铁

准妈妈缺铁性贫血的发病率比较高，有的地区可达50%左右。

为什么准妈妈容易发生缺铁性贫血呢？

妇女怀孕后血容量增加，由于血浆增加量远大于红细胞量的增加，血液相对稀释，形成妊娠生理性贫血。妊娠期妇女对铁需要量增加，除满足血容量增加对铁需要外，尚需贮存相当数量的铁，以备补偿分娩时由于失血造成的损失，以避免产后贫血。

另外，胎儿在生长发育过程中除制造血液和肌肉组织需要一定量的铁外，还需要在肝脏贮存一部分铁，以供出生后 6 个月之内的消耗。因为人乳、牛奶铁含量均很低，婴儿出生后 6 个月内基本消耗自己肝脏中所贮存的铁。这样，准妈妈在整个妊娠期约需 1 000 毫克铁（比非妊娠妇女增加 15%～20%），其中胎儿需铁 400～500 毫克，胎盘需铁 60～100 毫克，子宫需铁 40～50 毫克，母体血红蛋白增多需铁 400～500 毫克，分娩失血需铁 100～200 毫克。如果在妊娠期间膳食补充的铁量不足，准妈妈往往出现贫血，胎儿的生长发育也会受到影响。为此，我国营养学会推荐准妈妈每日铁供给量为 18 毫克。

多种食物均含有铁，一般植物性食品铁的吸收率较低，而动物性食品铁的吸收率较高。富含铁的动物性食品有：猪肾、猪肝、猪血、牛肾、羊肾、鸡肝、虾子、鸡肫等；植物性食品含铁多的有龙眼肉、黄豆、油豆腐、银耳、黑木耳、淡菜、海带、海蜇、芹菜、荠菜等。由此看来，准妈妈应多选择动物性食品补充铁，但植物性含铁食物也要常吃。

（十四）忌全吃素食

有些妇女担心身体发胖，平时多以素食为主，不吃荤食，怀孕后加上妊娠反应，就更不想吃荤食了，结果形成了全吃素食。这种做法不科学，对胎儿视力有影响，甚至导致失明。

最近，国外有人用猫进行实验，结果表明，如果增加孕猫的牛磺

酸食用量，有助于幼猫视力的正常发育；如果明显减少孕猫的牛磺酸食用量，则幼猫在胎儿期和出生后均出现持久的视力异常，部分孕猫在繁殖过程中还会出现严重的视网膜退化，个别的导致失明。

准妈妈全吃素食，而不吃荤食，就会造成牛磺酸缺乏。因为荤食大多含有一定量的牛磺酸，再加上人体自身亦能合成少量的牛磺酸，因此正常饮食的人不会出现牛磺酸的缺乏。而对于准妈妈来说，由于需要牛磺酸的量比平时增大，人体本身合成牛磺酸的能力又有限，加之全吃素食，则素食中很少含有牛磺酸，久之必然造成牛磺酸缺乏。因此，从外界摄取一定数量的牛磺酸就十分必要了。这种摄取当然要靠吃些荤菜来补充，我们提倡准妈妈要多吃素食，注意荤素搭配。

因此，我们告诫那些已怀孕而又不想吃荤食的妇女，为了自身健康，为了婴儿的正常发育，请适当食用些鲜鱼、鲜肉、鲜蛋、小虾、牛奶等含牛磺酸的荤食，以避免造成大人、孩子视力异常。

（十五）忌多食酸性食物

有些女性在怀孕后想吃酸食，于是经常大量食用各种腌菜、泡菜。偶尔少量食用腌菜、泡菜是可以的，但摄入过多对自己和胎儿的健康与发育并没有好处。原因在于：腌菜和酸菜中存在着亚硝基化合物，这类物质有较强的致癌性，可以诱发各种动物及各种组织器官的肿瘤。值得注意的是，有的亚硝基化合物可以通过胎盘使子宫发生肿瘤和诱发胎儿畸形。

如果准妈妈确实喜欢食用酸性食品，应该选择既有酸味又营养丰富且无害的天然酸性食物，如西红柿、樱桃、杨梅、石榴、海棠、橘子、草莓、酸枣、葡萄、苹果等新鲜水果和蔬菜。这些食品既可改善孕

后发生的胃肠道不适症状，又可增进食欲和增加多种营养素，可谓一举多得。

（十六）忌大量饮用咖啡、浓茶和可乐类饮料

在怀孕期间，不要大量饮用咖啡、浓茶和可乐类饮料。这些饮料中大都含有较多的咖啡因，咖啡因是一种中枢神经兴奋药物，虽然毒性不大，排泄较快，但对准妈妈和胎儿仍有不良作用。口服咖啡因 1 克以上时，可出现中枢神经系统兴奋症状，如躁动不安、呼吸加快、心动过速等；即使服用 1 克以下，也有不良反应，如刺激胃黏膜、恶心或呕吐、心悸、晕眩、心前区痛等。有人做过动物实验，咖啡因可以诱发仔鼠畸形，这是值得我们注意和警惕的。

（十七）忌多食刺激性食物

刺激性食物主要是指葱、姜、蒜、辣椒、芥末、咖喱粉等调味料和蔬菜。这些食物用于调味或做菜，可以促进食欲、促进血液循环和补充人体所需的维生素、微量元素（如锌、硒）等，这些食物正常人吃了是大为有利的。葱、姜、蒜少量作料调味，而且制熟后食用，其产辣性大大减弱，因而对人体的刺激也会大大减轻。甜辣椒因没有辛辣之味，制熟食也无妨，但辣椒、生葱、姜、蒜、芥末及咖喱辛辣过重，准妈妈不宜食用。

这是因为，这些辛辣物质会随母体的血液循环进入胎儿体内，给胎儿不良刺激。从准妈妈身体说，怀孕后大多呈现血热阳盛的状态，而这些辛辣食物从性质上说都属辛温，而辛温食品会加重血势阳盛的状态，使体内阴津更感不足，会使准妈妈口干舌燥、生口疮、心情烦

躁等症状加剧。这样，自然不利于胎儿的正常发育。

（十八）忌食含添加剂食物

在妊娠期间最好多食用各种天然食品，而不要长期经常食用人造食品，如点心、罐头、方便面等。这些人造食品在生产、加工、贮藏中曾有意识地加入多种人工合成或天然的色素、香精、防腐剂等。已有大量研究和事实证明，一些食品添加剂可危害人们的健康。以环己基氨基磺酸盐为例，这种物质长期以来被当做人工甜味剂在食品加工中广泛使用，可后来动物实验证明其不仅可使动物患膀胱癌，还可使培养的细胞染色体异常、胎盘生长障碍等。因此，准妈妈少吃这类人造食品是有好处的。

（十九）忌多吃油条和菠菜

1. 忌多吃油条

在美国长岛地区，长期流行着一种震颤麻痹神经系统疾病，后经过科学家试验，发现当地土壤中铝的含量高得惊人。又有人用含铝高的饲料喂养动物或直接把铝注入猫的脑内，实验结果这些动物都变成了痴呆。也有科学家解剖了一些因痴呆而死亡的病人，同样发现其大脑中含有高浓度的铝元素，最高者可达到正常人的30倍以上。由以上实验判断，铝的超量对人的大脑是极不利的。

油条在制作时，需要加入一定量的明矾，而明矾正是一种含铝的无机物。炸油条时，每500克面粉就要用15克明矾，也就是说，如果准妈妈每天吃两根油条，就等于吃了3克明矾。这样日积月累，其摄

入的铝量就相当惊人了。这些明矾中含的铝通过胎盘，侵入胎儿的大脑，会使大脑发育障碍，增加痴呆儿发生的概率。

2. 忌多吃菠菜

有人误认为菠菜富含铁质，多吃菠菜可供给人体较多的铁，以利于补血，或者对胎儿生长发育有益。其实，菠菜中铁的含量并不多，其主要成分是草酸，而草酸对人体所需的重要营养素锌、钙有着不可低估的破坏作用。

锌和钙是体内不可缺少的微量元素，如果锌、钙被草酸所破坏，将给准妈妈和胎儿带来严重恶果。如果人体缺锌，就会感到食欲减退、味觉下降；儿童一旦缺钙，有可能发生佝偻病，出现鸡胸、罗圈腿，以及牙齿生长迟缓等现象。如果准妈妈过多地食用菠菜，可以想象会给胎儿发育带来不利。因此，不可把菠菜作为富含铁质的食物食用。

另外，食菠菜时先用水焯一下，可减少草酸含量。

（二十）忌饮酒

妊娠的前 3 个月，特别是 8 周以内，是胎儿器官的发生期，对环境因素最为敏感。如果此期受到外界致畸因素的影响，就可能使胎儿发育障碍、发生畸形，故称此期为致畸敏感期。

酒精是生活中较常见的致畸剂之一。准妈妈饮酒可引起胎盘血管痉挛，胎儿缺氧而影响胎儿发育，产生低体重或畸形。

酒精对胎儿的有害作用主要是损伤脑细胞，使脑细胞发育停止、数目减少，使脑的结构形态异常和功能障碍，导致不同程度的智力低下，性格异常，甚至造成脑性瘫痪。致畸的主要器官为小头、小眼裂、

塌鼻梁、上颌骨发育不全等头面部异常和指趾短小、先天性心脏病和内脏畸形。

致畸作用与饮酒量、酒中含酒精浓度、不同胚胎时期及准妈妈的个人体质有关。孕期越早影响越大，在妊娠的前 3 个月，特别是在妊娠 8 周内，胎儿器官发生期更重要。经常饮酒较偶尔饮酒危害大，长期饮酒可致胎儿慢性酒精中毒。因此，准妈妈必须忌酒。

五、胎教运动的宜与忌

（一）运动胎教宜覆盖孕期全程

0～1 个月：宜经常散步，听舒心乐曲，调节早孕反应，避免繁重劳动和不良环境。丈夫应体贴照顾妻子，主动承担家务，常陪妻子消遣，居室环境收拾干净，无吵闹现象，做到不过量饮酒，不在妻子面前吸烟，节制性生活。

1～2 个月：宜散步、听音乐，做孕妇体操，避免剧烈运动，不与狗猫接触，美化净化环境，排除噪声，情绪稳定，制怒节哀，无忧无虑，停止房事，以防流产。

2～3 个月：宜做胎儿体操，早晚平躺在床上，腹部放松，手指轻按腹部后再抬起，让胎儿感觉到即可，每次 5～10 分钟。听欢快的音乐或儿歌，这段时间是最容易流产的时间，应停止激烈的体育运动，体力劳动，旅行等，日常生活中避免劳动过度，注意安静。

3～4 个月：宜做胎儿体操、听音乐或哼唱自己喜欢的歌曲。丈夫可将报纸卷成筒状，与胎儿轻声说话或念一些诗文。同时，丈夫和准妈妈应多看一些家庭幽默书籍，以活跃家庭气氛，增进夫妻情趣，这

个时期也是准妈妈身心愉快，胎内的环境安定、食欲旺盛期。

4～5 个月：宜做胎儿体操，主动轻抚腹部，将耳机调到适度音量，并在准妈妈腹上放几分钟左右欢快乐曲。宜每天早、晚与胎儿打招呼："宝宝，早上好！宝宝，晚安！"如此等等。这个期间要少量多餐，多吃些含铁多的食物，如猪、牛、鸡等的肝脏及海藻等绿色蔬菜。注意不要贫血。从这时起做授乳准备，开始乳头的保养。开始做一些育儿用品和产妇用品的计划安排。

5～6 个月：宜帮助胎儿运动，晚 8 时左右准妈妈仰卧在床上放松，双手轻轻抚摸腹部，每次 10 分钟左右。增加和胎儿的谈话次数，给胎儿讲故事、念诗、唱歌、哼曲等。每次开始前，叫胎儿的乳名，时间 1 分钟，这时是非常时期，准妈妈要充分休息，睡眠要足，中午要睡 1～2 小时为好。

6～7 个月：宜帮助胎儿运动，给胎儿讲画册，色彩及动物形象，动物运动和性格特点。丈夫应多陪妻子散步、做操、听音乐、看电视（不要看刺激性太强，情节太激烈的）、会朋友、看书画展、玩轻松活泼的游戏等，以松弛压力、增添愉悦心情。

7～8 个月：帮助胎儿运动，丈夫、准妈妈宜多与宝宝沟通，随时告诉宝宝一些身边有趣的事情，并告诉宝宝："你快要出生了。"

8～9 个月：宜帮助胎儿运动，和胎儿一起欣赏音乐，较前几个月胎教时间可适当延长。

9～10 个月：在各种胎教活动正常进行的同时，准妈妈宜适当了解一些分娩知识，消除害怕心理，保持企盼、愉快的心态。要养精蓄锐，避免劳累，早晚仰卧，练习用力与松弛方法，为分娩做准备。

（二）准妈妈骑车忌粗心大意

怀孕妇女可以骑自行车上下班，它比挤公共汽车好处多，因为骑车不但能使准妈妈适量运动，还能避免因乘公共汽车遭受碰撞、挤压而发生意外。但是，准妈妈骑车也要注意以下几点：

● 孕期妇女要调节车座的高度和坡度，以座位舒适为宜；座垫套应选用海绵座套，以缓冲车座对会阴部的压力。

● 准妈妈不宜长途骑车，骑车速度不要过快，以防因下肢劳累、盆腔过度充血而影响胎儿的发育。

● 准妈妈最好骑女式斜梁车，这样上下车比较方便，也可避免遇紧急情况下不来车而造成的骑跨伤或跌伤。

● 在妊娠后期，准妈妈由于体形、体重的变化很大，为预防羊水早破或早产，不宜再骑自行车，最好乘车或步行上下班，以确保母子安全。

（三）准妈妈忌活动量过少或过多

1. 活动量过少不利于健康

有些妇女怀孕后十分害怕早产或流产，因而活动大大减少，不参加文体活动，甚至从怀孕起就停止做一切工作和家务，体力劳动更不敢参加。其实，这样做是没有必要的，对母婴健康并不利，甚至有害。

当然，准妈妈参加过重的体力劳动、过多的活动和剧烈的体育运动是不利的，但是如果活动太少，会使准妈妈的胃肠蠕动减少，从而引起食欲下降、消化不良、便秘等，对准妈妈的健康也不利，甚至会使

胎儿发育受影响。因此，妇女在怀孕期间应注意做到适量活动、运动和劳动，注意劳逸结合，掌握在与平常差不多的活动量就可以了。准妈妈绝不可一味卧床休息，整天躺在床上，什么活儿也不做。生活要有规律，每天工余、饭后要到室外活动一下，散散步或做一些力所能及的家务活。还要经常做些体操，对增进肌肉的力量、促进机体新陈代谢大有益处。妊娠期间一般不要更换工作，但应注意避免体位特殊、劳动强度高，以及震动性大的劳动工种。到了7～8个月后，最好做些比较轻便的工作，避免上夜班，以免影响休息和出现意外事故。临产前2～4周最好能在家休息。

2. 过量剧烈活动会危害胎儿安全

准妈妈适当运动和活动，可以调节神经系统的功能，增强心肺活力，促进血液循环，有助于消化和睡眠，也有利于胎儿生长发育。但准妈妈一定要禁忌参加过量的活动和剧烈的运动。

首先要忌肩挑重担，不要提举重物和长时间蹲着、站着或弯着腰劳动。这样过重的活动会压迫腹部或引起过度劳累，导致胎儿不适，造成流产或早产。

常骑自行车的准妈妈妊娠6个月以后不要再骑自行车了，以免上下车不便，出现意外。

参加体育运动不要跑步、举重、打篮球、踢足球、打羽毛球、打乒乓球等，这些运动不但体力消耗大，而且扩胸、弯腰、跳高等动作太大，容易引起流产。

妊娠8个月以后，准妈妈肚子明显增大，身体笨重，行动不便，有的准妈妈还出现下肢水肿，以及血压升高等情况，这时应尽量减少体力劳动，忌干重活，只能做一些力所能及的轻活，在家务劳动中要注

意不做活动量大的活儿，更不要劳动时间过长，使身体过于疲劳。

（四）准妈妈忌大笑不止

“笑比哭好”这句话很有道理，它说的是人如能始终保持积极、乐观、开朗、舒畅的心理状态，则对健康有益，所以自古有“笑一笑，十年少”之说。反之，消极、悲观、抑郁、焦虑，则使人疾病丛生，故古人有“百病皆生于气也”之说。生活中不能没有笑声，但笑也应有个度。准妈妈尤其不能大笑，否则会乐极生悲。怀孕期间的妇女大笑时腹部猛然抽搐，导致腹压增加。妊娠初期的大笑会导致流产，妊娠晚期大笑会诱发早产。有人进行过调查，尤其是妊娠初期，有的年轻人还不清楚自己怀孕，当她们放声大笑，高兴得忘乎所以时，流产却发生了。这是初孕者必须注意避免的悲剧。

六、胎教音乐的宜与忌

（一）宜收听舒缓的胎教音乐或自己唱曲

定时收听舒缓的胎教音乐，每次5～10分钟，时间从短到长，循序渐进，不宜一开始就进行时间过长，以免引起孩子烦躁不安。现在超市中都有专门的胎教音乐CD出售，准妈妈只要从中挑选出自己喜欢的就可以了。

父母宜自己哼唱歌曲。这可以在任何时候进行，准妈妈只须哼唱自己喜欢的歌曲，这种方法不仅能让宝宝心身愉快，还可以让准妈妈拥有良好的心情。

(二) 忌给胎儿听频率高和节奏强的音乐

1. 给胎儿听高频声音有害无益

为了避免高频声音对胎儿的伤害,胎教音乐中2 000赫以上的高频声音应低到听不到的程度,这样才能对胎儿比较安全。在国内市场上出售的胎教音乐,经随机抽查表明,11种胎教音乐中竟有9种不合格,有的音频最高达到5 000赫以上,这对胎儿的健康是有害无益的,会损伤胎儿的大脑和听觉等。国内已有报道,用从市场购买的劣质胎教音乐磁带进行胎教,结果"教"出失聪的宝宝。这已说明不合格的胎教音乐磁带会对胎儿造成危害。故在选购胎教磁带时应慎重,最好请专业人员帮助选购。

2. 给胎儿听节奏强的音乐不利于大脑发育

胎教的一个重要任务是给胎儿听音乐。但是,音乐如果选择不当,可能会适得其反,给胎儿大脑带来不利的影响。

那么,胎儿究竟适合听什么性质的音乐呢?研究发现,胎儿可以听到传入子宫内的音乐声波,而且对传入子宫内的舒缓轻柔的音乐和强节奏迪斯科音乐,具有不同的表现。研究者选取了10名受试样本,即妊娠6～9个月的正常妊娠妇女,经B超检查测量胎儿大小均处于正常值范围。受试准妈妈午餐后3个小时来实验室,平卧在安静房间的床上。休息30分钟以后,主试者开始在无音乐的安静状态下,对其进行10分钟胎动、胎心率和呼吸情况的观察。结果为胎心率平均142次1分钟,胎动为6～7次/10分钟。测量后,用普通录音机播放强节奏的迪斯科音乐。这时,用同样的方法测量胎

心率和胎动次数。结果发现，音乐中的架子鼓声一起，胎儿立即出现突发性胎动，一般不超过 0.2～0.4 秒钟。胎儿有大幅度摆动和身体扭转。胎动次数达到 26 次/10 分钟。严重者伴有心率增快和抽泣样呼吸。胎心率比安静状态下高出 2～3 倍。强节奏迪斯科音乐刺激 10 分钟之后，马上改播舒缓轻柔的音乐，同时测量胎动次数、胎心率，发现此时胎心率和胎动情况与安静状态下相似。经统计学分析，表明两种性质不同的音乐的刺激所带来的胎心率和胎动具有显著差异。

研究表明，外界音乐的声波可以透入子宫内，被胎儿感觉到。同时，有突发中、低频打击乐的强节奏的声音会引起胎儿的惊吓反射，不利于胎儿大脑的发育，其有害性不亚于噪声，甚至强于噪声。

所以，每一个准妈妈都应特别注意远离强节奏如迪斯科性质的音乐，更应克制自己对迪斯科的爱好，以保护胎儿大脑的发育。

（三）准妈妈忌欣赏霹雳舞音乐和摇滚乐

自古以来，人们不仅把音乐和舞蹈作为一种艺术来欣赏，还把它们作为陶冶情操、增强身心健康的一种手段来爱好。然而，并不是所有的音乐都对人的身心健康有益。有人对一些音乐爱好者的家庭作过调查，发现在经常欣赏浪漫派音乐的家庭中，人们性格开朗，思想活跃；在经常欣赏古典音乐的家庭里，人与人的关系相处得很和睦；而热衷于欣赏声音嘈杂的现代音乐的家庭里，成员之间则经常争吵不休。

优美健康的音乐能促进准妈妈分泌出一些有益于健康的激素、酶和乙酰胆碱等物质，起到调节血液流量和神经细胞的兴奋作用，从而改善胎盘供血状况，使血液中的有益成分增多，从而促使胎儿向理

想的方向发育成长。而霹雳舞的音乐及摇滚乐都属于过分激烈的音乐，长期听这种音乐，会使准妈妈的神经系统受到强烈的刺激，并破坏心脏及血管系统的正常功能，使人体中去甲肾上腺素的分泌增多，从而使准妈妈子宫平滑肌收缩，造成胎儿血液循环受阻，胎盘供血不足，引起胎儿发育不良，同时这也是造成流产或早产的原因之一。

有人曾仔细观察过在胎内听音乐的胎儿，发现听轻音乐的胎儿活动平缓、心率正常，出生后再听轻音乐时表情安详，甚至面露微笑；而那些在胎内听强烈迪斯科音乐的胎儿，心率较快，活动频繁，出生后再听这种音乐时仍显得烦躁不安，四肢不停地扭动，停放音乐后很久才能恢复平静。看来，孩子无论是在出生前还是出生后，都不喜欢这种音乐。所以，准妈妈不宜欣赏这种过于激烈的霹雳舞音乐及摇滚乐。

(四) 准妈妈忌过多看电视

准妈妈最好少看电视，看电视时应距电视屏幕 2 米以外，以防放射线影响胎儿，如果怀孕早期准妈妈下腹部接受的放射线过多，除了易引起胎儿死亡流产外，还可造成胎儿无头症、无脑、脏器畸形、心脏及泌尿道和眼畸形等。如果居室过于狭小，最安全的办法是不看电视，如果要看，也不应该看得太久，避免看刺激性的电视节目，以防疲劳、精神紧张，从而影响睡眠、休息和身体健康。

七、胎教生活的宜与忌

(一) 宜选用合身的衣物和腹带

1. 内衣的选择

准妈妈在怀孕 3 个月左右，如果仍穿着原来的内衣，会觉得胸口郁闷、有点喘不过气的感觉，这是因为胸部已经明显地长大了许多，这信息提醒准妈妈："该换内衣了！"

一般来说，每个准妈妈乳房增大的情况因人而异，但大都在怀孕 3 个月、5 个月、7 个月及授乳期会有相当明显的变化，尤其是分娩后的乳腺扩张期(大约在坐月子期间也就是哺乳期)，而后乳房会慢慢地恢复原来的大小。很多准妈妈都担心在产后乳房会缩小，甚至变形，其实只要在怀孕期及产后选择合适的胸罩，就可以保持原来的胸部曲线，再加上按摩与运动，线条就更完美了！

可以到准妈妈用品专卖店去看看专用的胸罩，那是专为准妈妈所设计的，可配合准妈妈从怀孕初期至分娩前乳房的大小来调整罩杯的尺寸，机动性比较大，美观倒是其次。目前，市面上的准妈妈专用胸罩有产前用、产后用、哺乳用等多种设计。

一般的内衣比较强调美化曲线及视觉美感上的设计，仅仅具有一般的保护与支撑作用。如果喜欢，当然也可以在妊娠期仍穿一般的内衣，但是到专柜去选购内衣时，一定要重新测量一次尺寸，而且要试穿，千万别因为害羞或怕麻烦省掉这些步骤。另外，最好在几个乳房变化较大的时期，重新再测量胸部的尺寸，并更换新内衣，以给乳房最舒适、更周全的保护。

有些准妈妈在平日（非妊娠期）就比较崇尚自然，不喜拘束，家居时根本不穿内衣。那么，孕期到底该不该穿胸罩呢？其实，如果选择的是不合适的胸罩，当然是干脆不穿的好。因为不压迫乳房，使乳腺呈现自然的放松状态，能使母乳分泌丰沛。但是，目前的准妈妈专用胸罩乃是专为准妈妈所设计，自然也将准妈妈对胸罩的各项要求列入了考虑及设计重点。所以，准妈妈不妨就以自己的需求及对舒适度的要求，作为是否选穿胸罩的依据。

孕期选胸罩的四大要求：

（1）肩带必须牢固不易轻脱，并能支持乳房重量。

（2）罩杯线条要宽松，伸缩性大，能紧密地包覆及支持乳房。

（3）材质要透气，触感要舒服。

（4）具有调整式的勾扣，以满足胸围变大的需求。

2. 内裤的选择

准妈妈从怀孕起至大约 3 个月，子宫底的长度已有些微的变化。

此时，准妈妈该换穿大尺码的内裤或准妈妈专用内裤了。

在选内裤时，要考虑内裤的长度是否能包覆整个子宫底，穿起来才不会前低后高，很不舒服。所选择的质料最好具有伸缩性，而且透气性佳，如棉织品，千万不要选择尼龙织品。

裤底要宽大，而且最好是白色的，好方便观察分泌物。裤腰最好有松紧带，可以调整松紧程度。

准妈妈在妊娠期很容易感染念珠菌阴道炎，不但会有白色乳状的分泌物出现，同时也有强烈瘙痒感。如果有疑似此症的现象时，应该马上到妇产科接受医师的检查，最好平日就避免穿透气性差的内衣或丝袜，改穿棉织衣物，并勤于换洗。

至于该买多少件内裤呢？要看个人对洁净程度的需求。因为准妈妈在妊娠期间白带的分泌量会增多，所以最好是勤换洗贴身衣物，时时保持清洁，心情也会跟着愉悦起来。

完美准妈妈内裤的六大要求：

(1)需包覆整个子宫底。

(2)伸缩性及吸水性佳，透气性要好。

(3)腹部要有伸缩性。

(4)裤底最好是白色。

(5)腹部及下摆要恰好包覆臀部及大腿。

(6)不会刺激准妈妈敏感的肌肤。

3. 托腹带的选择

每个准妈妈腹部的大小多少有些差距，但都必须给予一样周全的保护。产前使用腹带除了具有御寒保暖的作用之外，更重要的是能舒适地托住又大又重的腹部，减轻腹部对腰部及脊椎所造成的压

力，并且保持臀部的优美线条。市面上贩售的拖腹带款式质料都相当多，准妈妈可以随喜好选择。

4. 鞋的选择

准妈妈除了保持正确的姿势外，还要选一双合适的鞋。最好是选择穿起来舒适又透气的平底鞋，才能脚踏实地，除较有安全感之外，还可以减轻腿部的压力。鞋跟的高度以 2～3 厘米为宜，鞋跟要大，才站得住，走得更稳，而鞋底要不易打滑。买鞋时，要多预留一点足部空间，脚趾才不会太紧绷。

而如果准妈妈走动频繁，双足多少会有肿胀感，此时可多做一些可以促进腿部、腰部肌肉运动的柔软操；也可以将脚泡在水中，或用毛巾包着冰枕垫于脚下，都会有意想不到的舒适感。

另外，由于准妈妈的出汗量比较多，除了注意足部的清洁之外，也别忘了给鞋子“洗洗澡”、“做做日光浴”！

（二）准妈妈宜选的睡姿

准妈妈在怀孕初期体态还没有什么大变化，动作自然也和往常一样，睡姿也无须有太多限制。但是，由于宝宝在准妈妈体内不断地成长发育，子宫也逐渐地增大，到了妊娠后期，腹腔大部分的空间会被子宫占据。因此，专家建议准妈妈在怀孕 6 个月以后不宜长期采取仰卧或右侧卧姿。如果准妈妈仰卧睡觉，已经增大的子宫就会向后倾，压在腹部的主动脉上，将会减少子宫的供血量。当准妈妈仰卧时，已经增大的子宫还会压迫下腔静脉，使下肢静脉血液回流受阻，引起下肢及外阴部水肿、静脉曲张。同时，由于运回心脏的血量减少，将会引起胸闷、头晕、恶心、呕吐、血压下降等现象。仰卧时，子宫

还会压迫输尿管,致使尿液排出不顺畅,易患肾盂肾炎。如果准妈妈在睡觉时采取左侧卧位,不但可以避免增大的子宫对下腔动、静脉及肾脏的压迫,保障心脏的排血量,并保持肾脏有充足的血流量,改善子宫和胎盘的血液供应,有利于胎儿的生长发育,还可使右旋子宫转向直位,纠正异常的胎位。

正确睡姿的要点:

● 准妈妈在妊娠初期,最好是仰卧,好让全身的肌肉放松,以消除疲劳。

● 在妊娠中、后期,就要换个姿势休息或睡觉,“侧卧”可以使腹肌松弛,呼吸和血液都会比较通畅。所以,准妈妈睡觉时最好是左侧卧、右侧卧位交替。

（三）准妈妈宜选的站走坐蹲姿势

1. 站姿

需要久站的准妈妈，常会忽视保持正确的站立姿势，而使骨盆底肌肉松弛。如果能保持正确姿势，凸出的小肚子比较不明显，看起来不仅姿态优雅，而且还能预防怀孕期最容易引起的腰酸背痛、肩部僵硬、头痛等毛病。所以，准妈妈最好常常站在镜子前面练习，养成时时刻刻都保持正确姿势的好习惯。更要注意的是，不要一个姿势站到底，换个姿势会舒服些，如耸耸肩、转转头等会让准妈妈的筋骨放松许多。

正确的站姿：

(1)挺直站立，抬头挺胸，两腿平行，双脚稍微打开，把重心落在脚板上。

(2)缩紧小腹和臀部，下颌往内收，将背部肌伸展开来。

(3)若是站立时间长，最好每隔几分钟就调整一下脚的位置。

2. 走姿

准妈妈的昂首、挺胸、凸肚的姿势，极易使人疲劳，而怀孕后期隆起的腹部，遮挡了目视脚前线的视线，也会使准妈妈在行走时发生意外。因此，准妈妈行走时一定要抬头挺胸，下颌微低，后背直起，臀部绷紧，一步一步地走，不可急行，或踮脚尖走。

准妈妈可以一边走路，一边欣赏路边的景致及来往的过客，或是嘴边哼唱歌曲，踩踏有节奏的步伐，心情自然轻松愉快，而不觉疲累。

3. 坐姿

准妈妈想要坐下时，要先确定椅子是否稳固，可不要眼不看就一屁股往后坐。不妨以手作为探测器，确定椅面后慢慢地由椅边往里靠，直到后背笔直地倚靠在椅背上，而髋关节与膝关节最好成直角，大腿要保持水平状态。一屁股猛然就坐下，或长时间坐在软绵绵的沙发上都是不好的。

(1)坐在椅子上的正确坐姿：坐在差不多是椅面的1/2处，再慢慢地挪动下半身，直到背部紧紧地靠在椅背上，并把背部的肌肉伸展开来。腿部要并拢，以免腰酸背痛。

(2)坐在地板上的正确坐姿：当准妈妈腹部越来越大，坐在地板上时，一定要在臀下放个软垫，保持良好的平衡感，也比较舒服。

4. 宜选用的蹲跪姿势

当准妈妈想要蹲下来捡东西、做事或抱小孩时，应该屈膝蹲下再弯腰，双足平稳地踏在地面上，然后缓缓地站起来。应该由大腿来承受所有的重量，腰部才不容易受伤。

正确蹲跪法：左脚先往前跨出一步，双膝慢慢弯曲，如果身边有稳固的支撑物，最好攀扶一下，腰随着下弯，直至双足踏实在地面上。如果需要跪下时，就将双膝缓缓着地，以腿来支撑全身的重量。

(四) 准妈妈忌穿高跟鞋

女性喜欢穿高跟鞋，因为高跟鞋能增加身高，弥补个子矮的缺点，就是身体不矮的人，穿上高跟鞋也会显得身体更苗条。同时，穿高跟鞋还可以使人挺胸收腹，显得精神。此外，高度适宜的高跟鞋

(2～3 厘米为宜)，鞋底的造型也正好符合正常人的足弓，这样可使脚掌受力均匀，无论是站立，还是行走都不会感到很累。有平底足的人穿高跟鞋还有矫形作用。

但是，妇女怀孕后身体情况有了变化，肚子一天一天增大，体重增加，身体的重心前移，站立或行走时腰背部肌肉和双脚的负担加重，如果穿高跟鞋，就会使身体站立不稳，由于全身加重，脚的负担加重，走路或站立都会使脚感到吃力。因此，准妈妈不宜再穿高跟鞋。另外，因准妈妈的下肢静脉回流常常受到一定影响，站立过久或行走较远时，双脚常有不同程度的水肿，此时穿高跟鞋由于鞋底、鞋帮较硬，不利于下肢血液循环。

准妈妈最好穿软底布鞋、旅游鞋，这些鞋有良好的柔韧性和易弯曲性，还有一定的弹性，可随脚的形状进行变化，所以穿着舒适，行走轻巧，也可减轻准妈妈的身体负担，并能防止摔倒等不安全的因素发生。

(五) 忌睡席梦思床

席梦思床是近些年来才风行起来的高级弹簧床，目前已成为许多年轻人新婚必备之物。一般人睡席梦思床有柔软、舒适之感，但孕妇则不宜睡席梦思床。这是因为：

● 易致脊柱的位置失常：准妈妈的脊柱较正常腰部前屈更大，睡席梦思床及其他高级沙发床后，会对腰椎产生严重影响。仰卧时，其脊柱呈弧形，使已经前屈的腰椎小关节摩擦增加；侧卧时，脊柱也向侧面弯曲。长此下去，使脊柱的位置失常，压迫神经，增加腰肌的负担，既不能消除疲劳，又不利于生理功能的发挥，并可引起腰痛。

● 不利翻身：正常人的睡姿在入睡后是经常变动的，一夜辗转反

侧可达 20～26 次。有学者认为，辗转翻身有助于大脑皮质抑制的扩散，提高睡眠效果。然而，席梦思床太软，准妈妈深陷其中不容易翻身。同时，准妈妈仰卧时，增大的子宫压迫腹主动脉及下腔静脉，导致子宫供血减少，对胎儿不利，甚至出现下肢、外阴及直肠静脉曲张，有些人因此而患痔疮。右侧卧位时，上述压迫症状消失，但胎儿可压迫孕妇的右输尿管，易患肾盂肾炎。左侧卧位时上述弊处虽可避免，但可造成心脏受压，胃内容物排入肠道受阻，同样不利于准妈妈健康。

因此，准妈妈不宜睡席梦思床。准妈妈以睡棕绷床或硬板床上铺 9 厘米厚的棉垫为宜，并注意枕头松软，高低适宜。

（六）准妈妈忌用电热毯

很多人喜欢用电热毯保暖，但准妈妈不宜使用，以免造成下一代大脑发育不良。这是因为：电热毯在接通电源使电能转变为热能时会产生电磁场，电磁场的辐射会影响胎儿的细胞分裂，最易导致各种器官的畸形，同时对胎儿大脑发育不利，使出生后的婴儿智力低下。因此，为了下一代的健康，准妈妈应忌使用电热毯。

（七）准妈妈忌疲劳

1. 要有午休

妊娠妇女的睡眠时间应比平常多一些，如平常习惯睡 8 小时，妊娠期可以睡到 9 小时左右为好。增加的这一个小时的睡眠时间最好加在午睡上。即使在春、秋、冬季，也要在午饭后稍过一会儿，躺下舒

舒服服地睡个午觉。睡午觉主要是可以使准妈妈神经放松，消除劳累，恢复活力。

午睡时间长短可因人、因时而异，30 分钟到 1 小时，甚至再长一点均可，总之以休息好为主。平常劳累时，也可以躺下休息一会儿。

午睡时，要脱下鞋子，把双脚架在一个坐垫上，抬高双腿，然后全身放松。特别是感到消化不良或血液循环不好时，可以任意选择睡姿，不要害怕压坏或影响胎儿。

2. 工作中注意保健

准妈妈比正常人身体负担重，容易疲劳。疲劳对准妈妈本身健康和胎儿都不利。所以，即便在正常轻微的劳动时，也要适当休息。

(1)即使正在工作中并不感到疲劳，也要稍稍休息，哪怕是休息 5 分钟、10 分钟也好。条件允许的话，要到室外或阳台、屋顶上去呼吸新鲜空气，活动一下躯体。

(2)做事务性工作的人，如话务员、打字员，长时间保持同一姿态是很难受的，容易感到疲劳，要不时地改变姿势，伸伸四肢，以解除疲劳。

(3)长时间在椅子上坐着工作的人，要在脚下垫一个小台子，抬高脚的位置，防止水肿。

(4)妊娠早期尿频，不要因正在工作就忍着不去厕所，这对身体不好，应该是感到有尿就去厕所。

(5)随着胎儿的成长，母体的血液循环负担加重。因此，突然站起、向高处伸手放东西或拿东西，会发生眼花或脑缺血，容易摔倒，所以要注意一切行动都应采取慢动作。

(6)冬季办公室或卧室暖气过热，空气不新鲜，会使人感到不舒

服，要时常打开窗户换换空气。在卧室晚睡前、早起后都应打开门窗通风，交换室内的空气。

（八）忌长时间吹电风扇

准妈妈的新陈代谢十分旺盛，皮肤散发的热能也增加，在炎热的夏季出汗很多，因此常常借助电风扇纳凉。如果准妈妈用电风扇久吹不停，就会有头晕头痛，疲乏无力，饮食下降等不适反应出现。因为电扇的风吹到皮肤上时，汗液蒸发作用会使皮肤温度骤然下降，导致表皮毛细血管收缩，血管的外周阻力增加，而使血压升高，表皮血管呈舒张状态，血流量增多，尤其是头部因皮肤血管丰富，充血明显，对冷的刺激敏感，所以易引起头晕、头痛症状。为了调节全身体温，达到均衡状态，全身的神经系统和各器官组织必须加紧工作。因此，吹风时间长，人并不感到轻松，反而容易疲劳。

准妈妈出汗多时，更不要马上吹电风扇，因为这时全身皮肤毛孔疏松，汗腺大开，邪风极易乘虚而入，轻者伤风感冒，重者高热不退，给准妈妈和胎儿的健康造成危害。

因此，准妈妈应注意避免突然或长时间吹电风扇，更不可用吹电扇的方法落汗。必须吹电风扇时，只宜选用微风间隙吹，或用手扇扇子纳凉。

（九）忌过度日光浴

日光中的紫外线是一种具有较高能量的电磁辐射，有显著的生物学作用。多晒太阳，能促使皮肤在日光紫外线的照射下制造维生素 D，进而促进钙质吸收和骨骼生长。

但是,强度的日光也可使皮肤受到紫外线的伤害,故准妈妈晒太阳必须适当,不要过多进行日光浴。过度日光浴可使准妈妈脸上的色斑点加深或增多,出现妊娠蝴蝶斑或使之加重。日光对准妈妈皮肤的损害,还可能发生日光性皮炎(又称日晒伤或晒斑),尤其是初夏季节,人们的皮肤尚无足量黑色素起保护作用时更易发生。此外,由于日光对血管的作用,还会加重准妈妈的静脉曲张。

(十) 忌洗澡时间过长和水温过高

1. 时间过长会导致胎儿缺氧

洗澡时,浴室内由于通风不良,空气混浊,湿度大,就会降低空气中的氧气含量,再加上热水的刺激,会使人体内的血管扩张,这样血液流入人体躯干、四肢较多,而进入大脑和胎盘的血液就要相对减少,氧气的含量也必然减少,且人的脑细胞对缺氧的耐力很低,就会造成洗澡时昏倒情况。如果孕妇洗澡时间过长,除发生以上情况外,还会造成胎儿缺氧。如果胎儿脑缺氧时间很短,一般不会造成什么不良后果,如果时间过长,就会影响神经系统的生长发育。因此,专家提示,一般准妈妈一次洗澡时间不宜超过15分钟,或以准妈妈本身不出现头晕、胸闷为度。

2. 洗澡水温过高影响胎儿脑细胞发育

准妈妈应坚持经常洗澡,保持身体清洁。但洗澡用的水温不可过高,以免对胎儿发育不利,损害大脑。

胎儿泡在羊水中,通过脐带与母体相连。羊水有保持宫腔内恒温、恒压的作用,以使胎儿正常发育。如果准妈妈洗澡时用水温度过

高，就会使母体体温暂时升高，羊水的温度也随之升高。研究表明，准妈妈体温比正常体温升高 1.5℃时，胎儿脑细胞发育就可以停止；准妈妈体温上升 3%，就可能有杀伤胎儿脑细胞的危险。这种胎儿脑细胞受损的现象，会使胎儿全身发育不良。

（十一）孕期忌拔牙

大量的临床资料表明，在妊娠最初的 2 个月内拔牙可能引起流产；妊娠 8 个月以后拔牙可能引起早产；只有妊娠 3～7 个月时拔牙，才相对安全一些。因此，妊娠期除非遇到必须拔牙的情况，一般不可拔牙。

妇女在妊娠期间身体产生了一系列的生理变化，口腔常常出现个别牙或全口牙的牙龈充血、水肿，以及牙龈乳头明显增生，如果拔牙很容易出血。另外，妊娠期对各种刺激的敏感性增加，即使轻微的不良刺激也有可能导致流产或早产。有习惯性流产、早产的准妈妈更要禁忌拔牙。

对于妊娠期间必须拔牙的准妈妈，拔牙时间要选择在妊娠 3 个月以后，7 个月以前，并要在拔牙前做好充分的准备工作。要保证患者有足够的睡眠，避免精神紧张。在拔牙前一天和拔牙当天可肌内注射黄体酮 10 毫克，拔牙麻醉药中不可加入肾上腺素；麻醉要完全，以防止因疼痛而反射性引起子宫收缩导致流产。

（十二）忌性生活过频

青年男女的性生活比较频繁，可是怀孕后，夫妻双方必须节制性生活。因为孕期性生活是导致流产、早产、胎膜早破和产褥感染的重

要原因之一。根据妊娠不同阶段可将孕期分为禁止性生活期、减少性生活期、绝对禁止性生活期。

1. 禁止性生活期

从妊娠开始到妊娠3个月末，胎盘正处在发育阶段，特别是胎盘和母体宫壁的连接还不紧密，性生活可使子宫受到震动，很容易造成流产。性交时因准妈妈盆腔充血，子宫收缩，也会造成流产。因此，这3个月内禁止性生活。

2. 减少性生活期

妊娠4个月至9个月，这一时期准妈妈比较安全，可每周性交一次，但要注意每次性交时间不宜过长，并注意不要直接强烈刺激女性的性器官，动作要轻柔一些。倘若这个阶段性生活过频，用力较大，或时间过长，就会压迫腹部，使胎膜早破，胎儿因得不到营养和氧气会很快死亡，或者导致流产。即使胎膜不破，未流产，也可能会发生子宫感染，重者致胎儿死亡，轻者胎儿身体和智力发育要受到影响。

3. 绝对禁止性生活期

妊娠晚期特别是临产的1个月，即妊娠9个月后，胎儿开始向产道方向下降，准妈妈子宫颈逐渐松软，倘若这个时期性交，胎膜早破，宫内感染的可能性大，可能发生羊水外溢(即破水)。同时，孕晚期由于子宫比较敏感，受到外界直接刺激，有应突发子宫收缩而诱发早产的可能。所以，在孕晚期必须绝对禁止性生活。

对于有习惯流产和早产史的妇女，或高龄初产妇，或结婚多年才怀孕的妇女，为安全起见，整个妊娠期都应禁止性生活。

（十三）忌去拥挤的场合

平时人们免不了经常去人多拥挤的场合，但准妈妈则不宜去，否则会有危险。

人多拥挤的地方挤来挤去，准妈妈一旦受挤，便有流产的可能，如挤着上公共汽车就很危险。

人多拥挤的场合，容易发生意外，如在广场看节目，就有可能挤倒人，准妈妈由于身体不便，最容易出现问题。

人多拥挤的地方空气污浊，会给准妈妈带来胸闷、憋气的感觉，胎儿的供氧也会受到影响，如在拥挤的室内看节目就不利。

人多拥挤的场合必然人声嘈杂，形成噪声，这种噪声对胎儿发育十分不利，如在足球场看球赛就会不时出现噪声。

易传染上疾病，在很多拥挤场合都有这种危险。公共场合各种致病微生物的密度远远高于其他地区，尤其在传染病流行的期间和地区，准妈妈很容易染上病毒和细菌性疾病。这些病毒和细菌对于一般健康人来说可能影响不大，但对准妈妈和胎儿来说都是比较危险的。

（十四）忌乘车不当

准妈妈在远距离外出时，要乘车、船、飞机等，因此必须选择适当的交通工具，并注意乘坐知识，以免发生意外。

● 马车：在农村坐马车的机会较多，准妈妈应尽量不坐马车。因为马车无舒适坐位，车板也硬，且容易颠簸；马车容易发生惊车，一旦跑起来，在不平的路上颠簸，对准妈妈十分危险。如果发生翻车事

故，后果更不堪设想。

● 自行车：现在骑自行车比较普遍，且自行车比较轻便，一般不易出问题，但有时也会摔跤，必须十分小心。在孕初 3 个月和临产前 3 个月最好不骑自行车。其他月份如果骑自行车，一定要骑女式车不骑男式车，并注意不要到人多的路上去骑，以免发生意外。

● 汽车：乘坐汽车时，为了避免疲劳和出现腰痛，可用一个垫子搁在腰部。并要在行驶一段路程之后，下车走动 5～10 分钟，活动一下僵硬的双腿和腰。乘汽车时一定要防止急刹车时腹部撞到汽车的某些部位，因此应系好安全带。

● 拖拉机：拖拉机主要是颠簸剧烈、噪声大，对胎儿十分不利，准妈妈不宜坐。

● 火车：乘火车对准妈妈比较安全，缺点是使人感到疲倦和背痛，所以最好坐卧铺，便于休息。

● 飞机：对于长途旅行，乘飞机是最好的选择，因为它行进快，是耗费体力最少的交通工具。但是，从妊娠 7 个月开始就不宜再乘飞机了，因为飞机的超声波震动有引发早产的危险。

● 轮船：乘船旅行意味着远途旅行，除防晕船外，还要注意与船上的医生联系好，如遇紧急情况，以便及时采取措施。

（十五）孕期忌染发烫发

准妈妈的皮肤敏感度较高，应禁忌染发烫发，以免使自己和胎儿受害。

一些染发剂接触皮肤后，可刺激皮肤，引起头痛和脸部肿胀，眼睛也会受到伤害，难以睁开，严重时还会引起流产。还有报道，染发剂对胎儿有致畸作用。甚至对准妈妈致癌，如皮肤癌和乳腺癌。

有的准妈妈烫发用冷烫精，也有害于头发。孕中期以后，准妈妈的头发往往比较脆弱，并且极易脱落，如采用冷烫精来做头发，会加剧头发的脱落。

（十六）忌孕期体重增加过多或过少

由于胎儿的生长发育，准妈妈的体重肯定是要增加的。准妈妈所增加的体重包括胎儿和准妈妈本身两个方面，控制体重增加主要是控制准妈妈本身的增重部分。

1. 准妈妈在怀孕期正常增重

专家们提出，妇女在孕期的增重以 10～12.3 千克为宜。在此范围内增重，其婴儿出生体重可维持在 2 500～3 400 克，符合标准要求。据科研分析，新生儿的死亡率随着体重的增加而减少。低体重妇女（指孕前体重低于同身高标准体重的 15%）如孕期增重少于 9 千克时，其分娩低体重儿的发生率将增加 50%，新生儿的死亡率也要相对增加。对于过重妇女（指孕前体重超过同身高标准体重的 20%），孕期增重 8.1～9.1 千克，此类妇女孕期不要减重，可在分娩后进行积极减重，但也要注意循序渐进。

2. 控制体重的方法

如何控制准妈妈的增重不超过 12.3 千克，可采取以下措施：

(1)注意身体锻炼：适当锻炼身体，可以减少准妈妈本身体重，不会影响胎儿的增长。

(2)晚饭适当少吃：人们吃了晚饭活动少，热能容易在体内堆积，会使人发胖。适当少吃晚饭，并不影响对胎儿的营养供给。

(3)适当减少主食，增加蔬菜和水果的进食：因为瓜菜中能量少，含有多种维生素。瓜菜中的纤维素还能缓解或消除便秘现象。这对于减少体内吸收热能很有利。那种怀孕后猛吃好东西的做法不可取。因主食热能大，容易使人发胖。人体的正常体重计算方式：

身高(厘米)－100＝标准体重(千克)

(十七) 忌化妆不当

现在有很多妇女喜欢化妆，适当化妆可使女人更漂亮，更富魅力，但准妈妈化妆要注意，以免不当伤害胎儿。

在怀孕期间，由于准妈妈身体内分泌改变，黑色素沉淀增加，易出现雀斑，为了掩饰雀斑，有时准妈妈化妆过浓。事实上，自怀孕第5个月起，准妈妈的皮肤会变得干燥或粗糙，适当的皮肤保养是应该的。但化妆应以淡为好，因为准妈妈皮肤比较敏感，如果使用过多化妆品，就会刺激皮肤，引起过敏。在这个时期，妇女可以使用日常用的乳液或面霜。

同时，准妈妈也不应涂指甲油，以免伤害胎儿。目前，市场上销售的指甲油大多是以硝化纤维为基料，配以丙酮、乙酯、丁酯、苯二甲酸等化学溶剂和增塑及各色染料制成，这些化学物质对人体有一定的毒害作用。准妈妈在用手吃东西时，指甲油中的有毒化学物质很容易随食物进入体内，并能通过胎盘和血液进入胎儿体内，日积月累就会影响胎儿健康。此外，有的准妈妈指甲脆而易折断，往往也是由于涂指甲油造成的。

准妈妈去医院做产前检查时，尤应注意不要涂指甲油，因为指甲的颜色有时需要作为医生诊断参考，如贫血、心脏病等，涂了指甲油就无法作出正确的判断了。